深圳市百丽雅美容有限公司访谈

上海美丽田园美容发展有限公司访谈（武汉学校）

珠海纯真香薰美容服务有限公司访谈

深圳市荷花经典美容有限公司访谈

雅姬乐集团有限公司访谈（广州）

广东伊丽汇美容会所管理有限公司访谈

上海美丽田园美容发展有限公司访谈（深圳门店）

2013 级医学美容技术专业在校生毕业实习访谈（武汉）

第一场医学美容技术专业职业能力分析（营销岗位）行业专家探讨会（雅姬乐集团公司）

第二场医学美容技术专业职业能力分析（医学技术岗位）行业专家探讨会（美莱美容医院）

现代学徒制医学美容技术专业课程体系构建校企专家研讨会

现代学徒制医学美容技术专业校企研讨教材编写第一次会议

现代职业教育标准体系建设系列丛书

现代学徒制专业教学标准和课程标准：医学美容技术专业（高职）

XIANDAI XUETUZHI ZHUANYE JIAOXUE BIAOZHUN HE KECHENG BIAOZHUN: YIXUE MEIRONG JISHU ZHUANYE（GAOZHI）

广东省教育厅
广东省教育研究院 编

广东高等教育出版社
Guangdong Higher Education Press
·广州·

图书在版编目（CIP）数据

现代学徒制专业教学标准和课程标准：医学美容技术专业．高职/广东省教育厅，广东省教育研究院编．—广州：广东高等教育出版社，2019.6

（现代职业教育标准体系建设系列丛书）

ISBN 978-7-5361-6449-9

Ⅰ.①现… Ⅱ.①广… ②广… Ⅲ.①美容术-高等职业教育-教学参考资料 Ⅳ.①G719.2

中国版本图书馆CIP数据核字（2019）第055055号

出版发行	广东高等教育出版社 地址：广州市天河区林和西横路 邮政编码：510500 电话：（020）87551597 87551077 http://www.gdgjs.com.cn
印　　刷	佛山市浩文彩色印刷有限公司
开　　本	787毫米×1 092毫米 1/16
印　　张	14
插　　页	1
字　　数	332千
版　　次	2019年6月第1版
印　　次	2019年6月第1次印刷
定　　价	42.00元

序

2016年12月，教育部部长陈宝生在现代职业教育发展推进会上提出，职业教育要“香”“亮”“忙”“强”“活”“特”起来，加快推进职业教育现代化。“亮不亮，看质量”，职业教育“亮”起来，更多体现在职业教育质量上，而标准是质量的基础、依据与保证，是确保和提升我国职业教育质量水平所必需的。科学建立现代职业教育系列标准是擦亮职业教育品牌的关键，也是广东实施教育发展“十三五”规划、创建现代职业教育综合改革试点省、加快建设现代职业教育体系的重点领域和关键环节，其中专业教学标准和课程标准研制更是重中之重。这是由于现代职业教育改革发展的突破口之一在于研制标准，实现相关专业在人才培养的目标、课程体系、教材体系、教学安排、评价等方面规范严谨。标准研制是一项富有挑战性的工作，难度极大。值得欣慰的是，广东职业教育工作者通过长期的学习借鉴和创造实践，按照设计框架、构建标准、分级培养、衔接贯通的思路，找到了标准研制的可行路径与科学方法。专业教学标准和课程标准作为相关专业开展专业教学的基本文件，是明确专业培养目标和规格、加强专业建设、构建课程体系、开发教材和学习资源、组织实施教学和规范教学管理的基本依据，是评估教育教学质量的主要标尺，成为社会用人单位选用职业院校毕业生的重要参考。基于这样的认识和判断，广东省教育厅一直高度重视这项工作。

2013年至2015年，广东省教育厅分别启动三批74个中高职衔接、高职本科衔接以及现代学徒制的专业教学标准和课程标准研制。在广东省教育研究院的组织指导下，在中职学校、高职院校、应用型本科院校和行业企业的共同努力下，68个项目成果于2018年8月通过了省级验收，并已陆续出版，产生了很好的效果。现在展现在读者面前的是系列现代学徒制专业教学标准和课程标准，我由衷地为研制标准而付出辛勤劳动、在有关方面取得显著成绩特别是直接参与研制的全体工作人员点赞。我期望，各职业院校和各行各业能认真学习领会、积极贯彻实施标准成果，在参照执行过程中多提建设性意见和建议，共同完善标准，为加快推进产教融合、校企合作，推动建立健全广东现代职业教育标准体系做出应有贡献！

是为序。

广东省教育研究院
院长、党委书记

2018 年 8 月 30 日

前　言

现代学徒制专业教学标准和课程标准是广东开展现代学徒制试点工作的重要内容，是广东省教育厅工作的重点之一。现代学徒制处于试点阶段，尚未有国家统一的专业教学标准，因此，在探索“现代学徒制”试点工作中，研制适用于现代学徒制“双重身份、双元育人、工学交替、岗位成才”人才培养模式的专业教学标准，是推进现代学徒制内涵建设，保证人才培养质量之关键。2013 年清远职业技术学院与广东伊丽莎白美容健身有限公司合作，以岗位职业能力分析为主要手段，参照美容师职业资格考试内容，研制医学美容技术专业现代学徒制的专业标准，2015 年完成专业标准第一稿，同年，专业教学标准省级课题立项，高职现代学徒制医学美容技术专业教学标准研制工作启动，该项工作由清远职业技术学院、广东伊丽莎白美容健身有限公司、香港雅姬乐集团有限公司以及广东省卫生职业教育协会医学美容产教联盟共同承担。在广东省教育厅的领导下，在广东省教育研究院的直接指导下，在广东省卫生职业教育协会的支持下，项目团队经过 2 年多的艰苦研制，完成了专业教学标准和课程标准的编制工作，并顺利通过广东省教育厅组织的验收。

项目研制始终坚持校企联合、共同研究的做法，经历了供需调研、职业能力分析、课程体系构建和标准研制 4 个阶段。在供需调研阶段，面向美容行业，采用问卷调查、现场访谈、电话访谈、QQ 访谈、微信访谈及个案研究等方式。项目组调查了 5 家直营连锁企业、1 家全产业链企业、4 家中小型企业、广东省 7 所中职学校和 2 所高职院校，以及省外高职高专院校 18 所，对美容行业人才需求、美容从业人员对在岗学习及个人发展的意愿、近三届高职毕业生就业岗位、中职学生提升学历的需求、岗位标准、中高职课程设置等方面进行了深入调研，获得了大量一手资料，了解到了医学美容技术专业人才需求、企业对现代学徒制的认同度、医学美容技术专业毕业生主要就业岗位及职业生涯发展一般路径。在职业能力分析阶段，项目组召开了 4 场职业能力分析研讨会，邀请了企业一线的技术专家和管理专家，对美容导师、美容师、美容技术主管、美容顾问及医学美容咨询等 19 个工作岗位进行分析。企业专家分析和研讨、会后归纳整理并参考美容行业标准，形成了医学美容技术专业职业能力汇总表，确定了65个工作项目、237个工作任务、831条职业能力点，提炼出11个典型工作任务，明确了医学美容技术专业职业生涯的第Ⅲ—Ⅳ层级岗位（群）顾问、美容导师及店长为学徒目标岗位。在课程体系构建阶段，项目组召开了课程转换研讨会，邀请了14位来自企业和院校有丰富美容职业教育和岗位经验的带头人，在课程专家的指导下，参照职业能力汇总表，围绕专业培养目标、职业范围、典型工作任务能力要求、人才培养规格、课程与能力对接、教学安排等方面进行研讨，确定了医学美容技术专业人才培养目标及学徒培养目标，明确了专业技术技能课程与典型工作任务的对接，基于典型工作任务构建了医学美容技术专业现代学徒制课程体系。在标准研制阶段，项目组召开标准制定研讨会，明确编写要求及分工，每一门课程标准均由校企人员共同编写。全国卫生职业教育教学指导委员会委员单位和广东省卫生职业教育协会医学美容产教研联盟的多家院校和企业参与了现代学徒制医学美容技术专业教学标准的研讨和修订，经过反复研讨和修改，制定了现代学徒制二年制和三年制的专业教学标准及11门专业技术技能课程标准和4门学徒岗位能力课程标准。

本书由广东省教育研究院研究员杜怡萍、清远职业技术学院高级讲师吴琼、香港雅姬乐集团有限公司董事长叶秋玲担任执行主编，负责全书总编撰。香港雅姬乐集团有限公司教育学院校长申泽宇和执行董事长龚磊，广东伊丽莎白美容健身有限公司人力资源总监傅润红和人力资源培训经理陈敏，清远职业技术学院副教授冯小军、陈秀虎和教师郑艳、廖黔霖、黄拥军、王家龙、吴曦，以及深圳市百丽雅美容有限公司胡海妹，上海美丽田园美容发展有限公司宋倩，深圳市荷花经典美容有限公司总经理林曼华等人员参与编写。由于参与人员众多，在此仅列出参与单位负责人，其他人员在标准开发和课程标准中列出。

本书能够完成编写首先要特别感谢广东省教育厅领导及广东省教育研究院李海东副院长、杜怡萍副主任、黄文伟副研究员的大力支持，感谢广东建设职业技术学院赵鹏飞院长等专家的亲自指导，没有他们的精心指导和支持很难完成任务。还要感谢所有提供帮助的中高职院校及教师和广州、深圳等地美容企业的专家。最后感谢研制团队的所有成员，没有大家的辛勤付出很难有今天的成果。由于美容行业的发展变化快，岗位的需求也随之不断变化，校企导师对现代学徒的认识仍需提高，因此，标准研制还有待完善。由于编写水平有限，书中难免有疏漏和不足之处，敬请各位读者给予批评指正。

广东现代学徒制医学美容技术专业教学标准和课程标准研制项目组

2018年8月

目　录

上篇

高职现代学徒制医学美容技术专业教学标准（二年制）

高职现代学徒制医学美容技术专业教学标准（三年制）

上篇附录

下篇
高职现代学徒制医学美容技术专业课程标准

附　　录

上　篇
高职现代学徒制医学美容技术专业教学标准(二年制)

一、专业名称及代码

医学美容技术（620404）。

二、招生对象

应届、往届高中或中职毕业（不限专业）的美容企业员工，应届中职对口专业（美容美体、中医康复保健、护理等）毕业生，且应具有中级以上美容师及美容相关岗位职业资格。

三、基本学制与学历

（一）学制

全日制二年。

（二）学历

学习合格取得专科学历。

四、培养目标

本专业培养与我国社会主义现代化建设要求相适应，德、智、体、美全面发展，面向美容保健服务行业及医药卫生行业，既能从事美容咨询、美容师、美容导师等工作，又能胜任美容顾问、美加美高端美容、店长学徒岗位工作，具备美容保健必备的医学知识、个性化方案设计与实施、营销策划及店务管理能力，具有良好的职业形象、服务意识、团队合作精神和专业沟通能力，以及自主学习能力，在美容营销、服务、管理第一线的复合型和创新型德技双修技术技能人才。

五、培养方式

学校和企业联合招生、联合培养、一体化育人。教学任务由学校导师和企业导师共同承担，形成双导师制。公共基础课程及专业技术技能课程系统的专业知识教学主要由学校导师承担，专业技能训练主要由企业导师承担；学校导师主要以集中讲授、任务训练等形式让学徒掌握必备的专业理论知识，企业导师依据培养方案主要以集中培训、技能训练、岗位培养、师带徒等形式培养学徒的岗位能力，真正实现校企一体化育人。

六、职业范围

（一）职业生涯发展一般路径（见表1－1）

表1－1　医学美容技术专业毕业生职业生涯发展一般路径

发展阶段	学徒岗位	就业岗位						学历层次	一般发展年限（参考时间）	
		美容保健服务行业			医疗卫生行业					
		销售岗位	管理岗位	技术岗位	销售岗位	技术岗位	服务岗位		中职	高职
Ⅵ		品牌总监	区域经理	技术总经理	咨询组长	运营经理	会员总监	高职	10年以上	8年以上
Ⅴ		市场总监	会所经理	技术总监	现场咨询	医助主管/组长	会员副总监	高职	8～10年	5～8年
Ⅳ	店长/技术主管	见习总监	店长	技术主管	电话咨询	医助、技师	客服经理	高职	5～8年	3～5年
Ⅲ	培训讲师/美容顾问	培训讲师/美容顾问	店长助理	美容师（高）	网络咨询	护理师/美容师	销售经理	高职	3～5年	2～3年
Ⅱ	美容导师	美容导师		美容师（中）	咨询助理	护理师/美容师	销售主管	高职/中职	2～3年	1～2年
Ⅰ		见习美容导师		美容师（初）	导诊/导医		导购	中职	1～2年	6～12个月

注：(1)“发展阶段”是将职业发展分为若干个阶段，每一阶段发展年限因各企业的具体情况而不同，上表发展年限为行业企业调研获得，可供参考。(2)“学徒岗位”根据企业发展需求及学徒入学起点确定。(3)“学历层次”只明确中高职对应的层次。

（二）面向职业范围（见表1－2）

表1－2　医学美容技术专业毕业生面向职业范围

序号	对应职业（岗位群）	学徒目标方向	职业资格证书举例
1	销售岗位（美容导师、网络咨询、电话咨询等）	美容导师、培训讲师、美容顾问	美容师、企业培训师
2	管理岗位（店长助理、店长等）	店长	美容师、健康管理师
3	技术岗位（美容师、技术主管、护理师、医助、技师等）	技术主管	美容师、公共营养师

(1) 美容导师岗位：美容导师在美容市场中扮演的角色兼具业务员、公司与美容院之间的工作协助者、美容师、美容教师等四种角色，美容导师将产品项目介绍给终端客户，同时也肩负着维护与提高公司形象、搜集情报信息等多重任务，具有市场管理和技术服务的双重功能。

(2) 美容顾问岗位：为客户提供专业的美容咨询，解决客户美容问题。如根据客户需求制定有针对性的美容方案，对客户需求进行解答，并寻找行之有效的解决方法。

(3) 美容培训讲师岗位：主要负责美容市场信息的收集与反馈，公司加盟店及各省市产品经销商的产品知识、美容手法的培训；制订并完善公司培训计划及方案，制订美容院运作方案及培养员工队伍，以及提供美容咨询，协助美容主讲者推广美容活动等相关工作；参与大型促销活动主持及组织策划。

(4) 美容技术主管岗位：负责美容会所技术服务流程与服务技能的管控，包括技术培训、员工培训、专业知识培训、各岗位培训、专业提升培训等，全面提高员工专业度和技术岗位专长，从而更好地服务客户，满足企业发展的需求。

(5) 美容会所店长：统筹美容会所全局管理工作，主导会所的所有业务事项，带领全员最终达到业绩目标，如会所营销规划、客户管理与开发、客户服务流程管控等。

二、人才规格

(一) 职业素养 (见表1－3)

表1－3　职业素养

职业素养	合作企业要求举例
(1) 具有良好的职业形象和服务意识。 (2) 具有诚实守信、爱岗敬业、团结合作、吃苦耐劳的职业精神。 (3) 具有专业的沟通交流能力。 (4) 具有信息安全及隐私保护意识。 (5) 精益求精，具有高度责任心。 (6) 主动学习，具有创新创业意识及能力	(1) 精致的职业妆、穿工作服、保持微笑面容等。 (2) 诚实守信、服务意识强、爱岗敬业、吃苦耐劳，销售回访认真负责。 (3) 服务流程各环节与顾客适度沟通，要求使用接待话术、预约话术、操作话术、销售话术等。 (4) 有良好的团队合作精神和团队意识，能在团队中履行个人的职责并支持配合他人开展工作。 (5) 有卫生消毒意识、产品安全及仪器操作安全意识等，使用物品符合卫生安全要求，不使用过期变质产品，不违规操作。 (6) 不泄漏客户信息、尊重客户的隐私权。 (7) 会用常用办公软件录入客户信息并进行相关数据统计、分析；具有良好的信息观念，能敏锐地捕捉客户信息、市场信息和产品信息

（二）专业能力（见表1－4）

表1－4 专业能力

专业能力	合作企业要求举例
（1）具有审美和创美能力。 （2）能够正确判断皮肤类型、分析问题皮肤成因，制定解决方案。 （3）能够根据美容服务标准流程实施美容美体技术操作。 （4）熟知美容仪器设备功效，熟练操作美容仪器设备，并能进行基本维护及保养。 （5）能够正确选择并使用产品，搭配产品和整合项目。 （6）熟练运用中医美容保健技术。 （7）具备运用美容医学基础、中医养生、美容保健、化妆品、美容心理学等知识指导美容实践的能力。 （8）能开展美容咨询，制定及执行营销方案。 （9）具备开展美容养生专业知识、产品、技术、方案、项目等培训能力。 （10）能建立顾客档案，收集典型案例，制订美容保健计划。 （11）具备美容店务管理及行政管理能力	（1）熟悉接待、预约、售后跟进、会员资料管理、服务流程及话术。 （2）熟悉面部及身体护理项目理论（原理、功效、成分、适用人群、注意事项、禁忌等）、项目操作（手法、步骤、仪器操作、手法技巧等）。 （3）能够进行专业介绍（产品、技术、项目等），树立顾客信心、引导需求产生。 （4）用电话、微信等方式确定预约定位、跟进产品或项目效果，收集顾客意见。 （5）解释并处理产品使用或操作过程中可能出现的问题。 （6）熟悉不同产品的适用人群、成分、功效及注意事项，用看、闻、抹、拍、摸等方法对比产品效果，根据不同问题皮肤搭配不同的产品。 （7）了解光电美容仪器的作用原理、功效、操作注意事项及操作禁忌，介绍各类光电美容仪器表述专业；制定仪器管理标准，并按仪器管理标准，定期定时完成设备维护。 （8）熟悉面部及身体保健护理流程及诊断（问诊、望诊、触诊）、按摩技巧、常用穴位定位、取穴方法，熟悉刮痧、拔罐的适应证、禁忌症、操作方法、技巧及步骤。 （9）观察皮肤（肤色、肤质、毛孔、油脂分泌等问题）并做出判断，分析问题皮肤成因。 （10）运用医学审美评价标准，对客户健康及面部皮肤进行全面分析，评估预期效果，展示案例，铺垫销售。 （11）根据客户面部皮肤问题及需求，综合分析，与客户沟通解决方案并达成共识，确定项目组合（产品、仪器、手法、步骤），进行疗程设计，指导方案实施及家居保养（饮食调理、膳食建议、产品使用等）。 （12）确定项目培训内容（品牌理念、特有成分、功效、适合人群、价格、专利技术、售后服务标准、维修管理标准），培训前文字编辑及PPT制作，培训后考核标准及试题制定。 （13）用电话、微信跟进方案实施进程，指导解决常见问题的处理、提醒注意、活动邀约。 （14）收集案例护理前、后对比图片或视频资料，进行效果对比分析

八、典型工作任务及职业能力分析

根据医学美容技术专业美容导师、美容顾问、培训讲师、店长、技术主管目标岗位，运用头脑风暴、文献研究、咨询专家、问卷调查、案例研究等方法，按销售岗位（群）、技术岗位（群）、管理岗位（群）三类职业岗位（群）开展行业企业专家研讨会，获得11个典型工作任务，以及65个工作项目、237个工作任务、831条职业能力点。典型工作任务见表1-5，职业能力分析表见附录。

表1-5　典型工作任务一栏表

序号	典型工作任务	工作项目及职业能力要求	备注
1	认同企业	01、02、04	工作项目及职业能力要求编号与职业能力分析表对应
2	熟悉项目	03、07、08、14、17、18	
3	服务流程	05、06、09、10、11、12、13、36	
4	美容方案制定	14、15、16	
5	产品培训	19、20	
6	营销策划	21、22、23、44	
7	医美服务	24、25、26、27、28、29、30、31、38、39、40、41、42	
8	仪器操作	32、33、34、35	
9	客情管理	36、37、43、48	
10	美容咨询	45、46、47、48	
11	美加美高端美容	M03、M08、M09、M10	

注：(1)"工作项目及职业能力要求"一栏，编码与"附录　(一) 医学美容技术专业职业能力分析表"对应。(2)"M"表示编码与"附录　(二) 美加美高端美容技术岗位（群）能力分析表"对应。

九、课程结构

课程模块分为公共基础课程和专业课程两个模块，专业课程分为专业技术技能课程、学徒岗位能力课程、专业拓展课程三类。公共基础课程根据教育部有关规定安排，专业课程设置根据美容职业岗位（群）能力要求设置。专业技术技能课程依据不同学徒岗位方向共同需要的职业能力要求设置，学徒岗位能力课程是根据学徒岗位方向的特定要求设置。专业拓展课程是为学徒适应其他美容企业岗位能力要求而设置，由学校自行安排。课程体系结构见表1-6。

表 1-6　课程体系结构

<table>
<tr><th colspan="3">课程模块</th><th>课程名称</th><th>课程性质</th></tr>
<tr><td colspan="3" rowspan="9">公共基础课程</td><td>思想品德修养与法律基础</td><td>必修课</td></tr>
<tr><td>毛泽东思想和中国特色社会主义理论体系概论</td><td>必修课</td></tr>
<tr><td>形势与政策</td><td>必修课</td></tr>
<tr><td>应用写作</td><td>必修课</td></tr>
<tr><td>英语</td><td>必修课</td></tr>
<tr><td>计算机应用基础</td><td>必修课</td></tr>
<tr><td>体育</td><td>必修课</td></tr>
<tr><td>就业指导与职业生涯设计</td><td>必修课</td></tr>
<tr><td>创新创业基础</td><td>必修课</td></tr>
<tr><td rowspan="28">专业课程</td><td colspan="2" rowspan="15">专业技术技能课程</td><td>美容行业企业认知</td><td>必修课</td></tr>
<tr><td>店务与运营</td><td>必修课</td></tr>
<tr><td>美容皮肤护理方案制定</td><td>必修课</td></tr>
<tr><td>美容美体技术</td><td>必修课</td></tr>
<tr><td>美容仪器应用</td><td>必修课</td></tr>
<tr><td>客情管理</td><td>必修课</td></tr>
<tr><td>美容咨询与沟通</td><td>必修课</td></tr>
<tr><td>医美技术服务</td><td>必修课</td></tr>
<tr><td>营销实务</td><td>必修课</td></tr>
<tr><td>中医体质辨识与养生</td><td>必修课</td></tr>
<tr><td>美容化学基础</td><td>必修课</td></tr>
<tr><td>美容医学基础</td><td>必修课</td></tr>
<tr><td>美容营养</td><td>必修课</td></tr>
<tr><td>毕业设计</td><td>必修课</td></tr>
<tr><td rowspan="12">学徒岗位能力课程</td><td rowspan="3">营销策划</td><td>营销策划与技巧</td><td>限选课</td></tr>
<tr><td>客户管理</td><td>限选课</td></tr>
<tr><td>产品销售培训</td><td>限选课</td></tr>
<tr><td rowspan="3">技术服务</td><td>会所标准与服务</td><td>限选课</td></tr>
<tr><td>美容院信息管理</td><td>限选课</td></tr>
<tr><td>产品搭配与项目整合</td><td>限选课</td></tr>
<tr><td rowspan="4">美加美高端美容</td><td>声光电美容仪器使用与维护</td><td>限选课</td></tr>
<tr><td>美加美方案制定</td><td>限选课</td></tr>
<tr><td>美加美服务流程</td><td>限选课</td></tr>
<tr><td>危机处理</td><td>限选课</td></tr>
<tr><td colspan="2">专业拓展课程</td><td>由学校自行设置，不低于 6 学分</td><td>任选课</td></tr>
</table>

十、课程内容及要求

(一) 公共基础课程 (见表1-7)

表1-7 公共基础课程

序号	课程名称	主要教学内容和要求	参考学时
1	思想品德修养与法律基础	本课程是高校大学生进行思想道德和法制观念教育的必修课，也是企业对员工进行思想品德与职业道德教育的重要内容，以企业工作案例为课堂教学的基本教学案例，以员工职业道德培养与法律教育为主线，理论教学与企业员工学法守法用法的自觉性培养相结合，培养正确的理想信念和爱国主义精神，树立正确的人生观和价值观	72
2	毛泽东思想和中国特色社会主义理论体系概论	本课程是进行中国特色社会主义理论与实践教育的必修课，以岗位实践、在线学习等形式，让学生正确理解毛泽东思想、中国特色社会主义理论的科学体系、精神实质和立场、观点、方法，树立建设中国特色社会主义的坚定信念，培养运用马克思主义的立场、观点、方法分析和解决问题的能力，自觉执行党的基本路线和基本纲领，爱岗敬业	72
3	形势与政策	本课程是高校思想教育的必修课，以在线教学等方式，了解国际、国内形势，全面正确认识党和国家面临的形势和任务，正确理解并拥护党的路线、方针和政策，增加学生的爱国主义责任感和使命感，增强实现社会主义现代化建设宏伟目标的信心和社会责任感，自觉自愿投身于国家经济建设事业，明确自身的人生定位和奋斗目标	36
4	应用写作	本课程主要以美容导师及店长的职业能力要求为导向，以岗位工作案例为课程教学案例，如调研、策划、会议、宣传、洽谈、工作计划及总结等，通过开展调研活动，集中教学形式，培养学生写作调查报告、可行性分析报告、预测报告，制订部门工作计划、营销策划书等各种会议文书的写作能力及技巧，增强学生的职业能力和就业竞争力	54

续上表

序号	课程名称	主要教学内容和要求	参考学时
5	英语	本课程以行业发展需求为导向，结合职业岗位要求，以培养学生具备运用英语交流沟通的基本能力为目标，侧重美容服务、化妆品应用等职场环境下用英语进行交流与沟通的能力培养，以网络教学、集中面授等方式，培养学生跨文化交流意识，增强学习兴趣和自主学习能力，为提升学生的就业竞争力及未来的可持续发展打下必要的基础	72
6	计算机应用基础	本课程以岗位信息化管理及服务要求为导向，确定课程目标及教学内容，以工作表格、顾客档案建立等案例作为教学案例。学习计算机常用办公软件、计算机网络、信息安全等方面的基础知识及使用方式，提高办公软件高级应用技能，具有简单处理图像、声音、视频等多媒体的能力，以及常用办公软件的应用能力	36
7	体育	本课程内容以职业形象及胜任岗位工作任务的健康要求为目标。以强身健体，同时又具有美体塑形的项目为主要学习内容。选择适合的体育项目训练（瑜伽、运动保健等），让学生获得各专项运动项目的基本知识、技术和技能；具备科学锻炼身体、保健养生及运动损伤预防的方法，具有改善身体形态、机能，以及提高身体素质和运动的能力	36
8	就业指导与职业生涯设计	本课程内容与企业员工职业生涯发展规划相融合，运用职业目标、职业意识、职业岗位要求和创业准备等教学案例，培养学生的社会能力和方法能力，提高其岗位适应能力。让学生理解职业与成才的关系、理解职业生涯设计的意义和基本内容，让学生学会认识自己和社会，了解企业的行为规范，形成职业意识并做出职业生涯设计	36
9	创新创业基础	本课程主要任务是培养学生创新精神与创业意识，让学生了解创业所需要的基本知识，熟悉开办美容企业的流程与管理，具备必要的诚信力、决策力、管理力、创建力和社交力等素质；树立科学的创业观，主动适应行业发展和个体全面发展需求，正确理解创新创业与职业生涯发展的关系，自觉遵循创新创业规律，积极投身创新创业实践	36

(二) 专业技术技能课程 (见表1-8)

表1-8 专业技术技能课程

序号	课程名称	对接典型工作任务及职业能力	主要教学内容和要求	参考学时
1	※美容行业企业认知	01 48 M01	本课程是入职美容行业的第一课，主要与认同企业典型工作任务对接，主要内容包括企业文化、职业形象、职业素养及岗位职责等，培养学生具有良好的职业心态及职业素养，了解并认同美容行业企业，树立专业的自信心和自豪感，从而爱专业、爱行业，对专业课程学习有兴趣	36
2	店务与运营	01-03 02 05 06 09 10 11 12 13	本课程内容与美容顾问、店长等岗位的典型工作任务对接，主要包括美容门店运营标准化服务流程，日常经营管理等。以岗位培养、师带徒等形式，了解企业运营与标准化管理要求、工作流程、项目操作流程、接待流程，能够根据预约接待、服务跟进等工作规范，完成店务日常运营与管理工作任务	72
3	※美容皮肤护理方案制定	02-02 03 07-03 09-03 14 19-01 19-03 M08	本课程内容与美容顾问、美容师岗位的美容方案制定与实施典型工作任务对接，包括分析顾客皮肤、健康状况，个性化皮肤护理方案设计及方案制定等。要求能够正确分析皮肤问题，了解顾客健康状况及美容需求，正确搭配项目、制定个性化皮肤护理方案解决皮肤问题，解释项目功效、疗程	72
4	※美容美体技术	01-02-03 02-02 02-03 02-06-03 02-06-04 03 48-02	本课程内容主要与美容师、技术主管等技术岗位的美容项目流程操作典型工作任务对接，包括面部及身体护理基本知识、护理操作流程及规范、操作手法、沟通话术、技术培训与操作指导等，要求熟悉美容美体护理项目理论及操作流程，熟练运用护理操作手法、步骤及技巧，独立完成面部及身体护理项目操作，并进行专业沟通和解释	108

续上表

序号	课程名称	对接典型工作任务及职业能力	主要教学内容和要求	参考学时
5	美容仪器应用	02－04 07－02 18－01 18－02 32 33 34 35 M10－01 M10－02	本课程内容与美容技术岗位仪器操作典型工作任务对接，主要内容有仪器设备及耗材日常维护与管理、光电类仪器操作、仪器适用人群、注意事项等，要求了解仪器的品牌文化、产地、原理、功效，会操作常用仪器，进行仪器保养维护，了解仪器操作注意事项及禁忌，进行仪器售后服务、术后跟进、术后教育，具有较强的责任（安全）意识	36
6	客情管理	09 11 13－01 16 36－01 36－02 37 43－01 43－02	本课程内容与美容技术服务、营销、管理岗位的客情维护、服务跟进等典型工作任务对接，主要有顾客信息收集、顾客感情管理、精细化管理、服务管理等。要求关心顾客，建立顾客信任，正确记录顾客信息，与顾客建立良好的客情关系，根据项目要求做好效果跟进、顾客二次开发、顾客隐私保护	54
7	※美容咨询与沟通	01－02 02－06 06 07－03 45 46 47	本课程内容与导医、医助、美容顾问、美容师等岗位的咨询与沟通典型工作任务对接，主要内容有医学美容网络咨询、电话咨询、现场咨询、服务流程话术、专业沟通话术等，要求使用服务话术、预约话术、专业话术等与顾客进行有效沟通，引导并确定顾客需求，介绍项目及产品，运用网络、电话等工具进行项目销售及售后跟进	36
8	※医美技术服务	24 25 26 27 28 29 30 31 32 38 39 40 41 47－03	本课程内容与导诊、医助等医学美容岗位的手术配合、光电类仪器操作等医疗美容技术典型工作任务对接，主要内容包括就诊客户接待、投诉处理、手术配合、医助沟通、治疗方案沟通、光疗回访等，要求了解就诊客户接待工作任务要求、手术配合要求、沟通内容及沟通技巧，熟悉操作规范及注意事项，具备物理美容技术操作能力	90

续上表

序号	课程名称	对接典型工作任务及职业能力	主要教学内容和要求	参考学时
9	营销实务	02-02 14 15 16 19-01 19-03 20-01 20-04 21 22 23 44 M06-04 M06-05	本课程内容与美容导师、顾问等岗位的营销策划典型工作任务对接，主要内容包括项目销售、指导与督促执行活动方案、市场规划（基于公司规划）、市场指导、客户二次开发、业绩统计等，要求具有挖掘顾客需求、拓客的能力，能够进行项目销售，熟悉活动方案，了解店务管理，进行项目售后跟进，根据业绩统计分析，制订工作计划及总结	72
10	※中医体质辨识与养生	03 04-01 14-01 14-03	本课程内容与美容技术服务、营销岗位的中医养生项目操作及美容保健教育典型工作任务对接，内容有中医理论基础、中医美容方法、中医美容养生等中医美容基础理论及基本技术。要求学生能够运用中医理论和方法解决美容保健问题、辨识体质、制定养生方案，解释经络美容、刮痧、拔罐、艾灸等传统美容项目功效、原理及其在美容保健中的应用	72
11	美容化学基础	09-03 19 20 48-04 48-11 M02-04 M08 M16-01	本课程与美容师、美容导师岗位的产品应用与产品培训典型工作任务对接，主要内容包括与化妆品密切相关的化学基本知识和基础理论、化妆品原料、化妆品添加剂、化妆品卫生规范、化妆品分类、各类化妆品等。让学生获得化妆品应用必备的化学基础知识，能够运用所学化学知识指导化妆品选择、搭配、使用和营销等工作实践	72
12	美容医学基础	02-03 03 05-04 06-02 10-02 10-03 14 31-02 33-02 38-02 39 42	本课程与美容技术操作、医美设计与咨询等典型工作任务对接，主要内容有正常人体结构与功能、皮肤美容知识、问题皮肤病理等医学基本理论知识，要求能够正确运用正常人体的系统组成及主要功能等医学基础知识（如头面部、躯干、四肢的骨骼、浅表肌群、主要神经及血管分布、皮肤的组织结构、常见皮肤问题等）指导美容技术操作实践	54

续上表

序号	课程名称	对接典型工作任务及职业能力	主要教学内容和要求	参考学时
13	美容营养	14 34 41－02 M08－02	本课程与美容保健方案制定、家居护理等典型工作任务对接，主要内容包括营养与健康、营养与疾病、营养与美容及特殊人群营养膳食等，要求能够以科学营养、合理膳食为指导，根据顾客体重管理、健康减肥需求制订合理的营养膳食计划	36
14	毕业设计	—	通过毕业设计，学生可以综合应用所学的各种理论知识和技能，进行全面、系统、严格的技术及基本能力的练习。要求在毕业前根据岗位的不同进行毕业设计，以案例分析、方案设计、调查报告等形式呈现	120～180

注：(1)“※”标注的是专业核心课程。(2)“对接典型工作任务及职业能力”一栏，编码与“附录（一）医学美容技术专业职业能力分析表”对应，学科课程除外。(3)“M”表示编码与“附录（二）美加美高端美容技术岗位（群）能力分析表”对应。

（三）学徒岗位能力课程

1. 营销策划岗位（培训讲师、顾问、店长）（见表1－9）

表1－9 营销策划岗位能力课程

序号	课程名称	对接典型工作任务及职业能力	主要教学内容和要求	参考学时
1	营销策划与技巧	12－02 14－01 14－03－03 15－01－01 16－01 19－03 45－01 46－01 47－02	本课程主要与营销岗位工作任务对接，主要内容有美容需求分析、业绩统计及营销方案的制定、项目销售、营销案例分析等，以师带徒、岗位培养等方式，熟悉美容项目及产品营销策略、方案的制定，运用各类营销方法挖掘客户需求，并根据需求推介项目及产品，项目售后跟进，与客户建立良好信任关系	35
2	客户管理	09 11－02 16 36 45－03 M07	本课程主要对应营销岗位典型工作任务，内容包括客户信息管理、服务管理、促销管理及客户开发管理等，要求用适当方式获取客户信息，建立完善的客户档案等。能与客户之间进行有效的信息沟通，及时将有关产品的信息通过各种方式传递给客户，增加消费需求。信息提供突出产品特点，促进客户了解、信赖并使用产品及服务，以达到稳定市场销售	18

续上表

序号	课程名称	对接典型工作任务及职业能力	主要教学内容和要求	参考学时
3	产品销售培训	11 15 19 20 21	本课程主要对应营销岗位典型工作任务，内容包括美容专业线产品（单品、套盒）、产品搭配、产品销售及产品销售培训等，以培训及师带徒等方式，主要掌握专业线产品知识及使用方法，能够根据不同季节、不同年龄、不同肤质搭配产品，制定解决方案。具备对专业线产品的理解、讲解能力，销售能力及培训能力	36

注 (1)“对接典型工作任务及职业能力”一栏，编码与“附录 (一) 医学美容技术专业职业能力分析表”对应，学科课程除外。(2)“M”表示编码与“附录 (二) 美加美高端美容技术岗位（群）能力分析表”对应。

2 技术服务岗位（技术主管、高级美容师）（见表1-10）

表1-10 技术服务岗位能力课程

序号	课程名称	对接典型工作任务及职业能力	主要教学内容和要求	参考学时
1	会所标准与服务	02-01 02-05 02-06 02-07	本课程主要对应美容师、美容顾问等技术岗位，内容包括会所工作流程标准、环境标准、卫生标准、优质服务标准、客户服务全流程标准等，要求熟悉会所标准，提供标准化、规范化服务	18
2	美容院信息管理	02 09-01 10-01 12-01 16-03 16-04 27 45 48-06 48-10	本课程对应美容师、美容顾问等岗位客情维护典型工作任务，主要内容有会员资料管理系统、业绩统计、工作报表、客户满意度调查等，要求熟练运用计算机录入客户资料、进行业绩统计、制订工作计划（业绩目标统计分析）等	18
3	产品搭配与项目整合	08 14 15 19 20 M02	本课程主要对应美容顾问、美容导师岗位的美容方案制定、产品培训典型工作任务，主要内容有单品、院装组合、项目及产品搭配等，要求了解不同产品的功效、使用方法、适用皮肤类型，会用不同产品与项目整合解决不同的皮肤问题。能够通过专业沟通确定顾客需求，确认项目（产品、价格）并提出护理建议	36

注：(1)“对接典型工作任务及职业能力”一栏，编码与“附录 (一) 医学美容技术专业职业能力分析表”对应，学科课程除外。(2)“M”表示编码与“附录 (二) 美加美高端美容技术岗位（群）能力分析表”对应。

3. 美加美高端美容岗位（美加美顾问、美加美技师）（见表1－11）

表1－11 美加美高端美容岗位能力课程

序号	课程名称	对接典型工作任务及职业能力	主要教学内容和要求	参考学时
1	声光电美容仪器使用与维护	02－02 08 32 33 34 47－04 48－01 M03 M04 M10 M15	本课程主要与美容医助、美加美技术岗位仪器操作典型工作任务对接，主要内容有仪器管理维护、仪器操作原理及功效、仪器设备使用标准流程、术后跟进、术后教育、仪器设备耗材管理等，要求了解声光电仪器的分类、作用原理及功效，熟悉仪器使用标准流程、操作规范，熟悉术后回访时间，指导术后护理、处理常见问题等	36
2	美加美方案制定	17 48 M02 M05 M06 M07 M08 M09 M13 M14 M15 M16 M17	本课程主要对应美加美顾问岗位美容方案制定典型工作任务，主要内容有分析皮肤、设计个性化方案、项目与产品搭配、制订护理计划等，要求用观察法了解不同类型皮肤外观特征、准确把握皮肤状态，正确分析皮肤类型，分析问题成因，根据皮肤问题及产品，设计个性化护理方案，给出问题解决建议	36
3	美加美服务流程	M05 M06 M09 M10	本课程主要对应美加美高端美容顾问、高端美容技术岗位，内容包括专业接待、分析顾客需求、咨询检测与信息录入、个性化方案设计及操作流程等，要求具备专业咨询与沟通、接待能力，能够正确分析顾客需求、帮助顾客记录信息，提供安全、有效、规范的高端美容全流程服务	36

续上表

序号	课程名称	对接典型工作任务及职业能力	主要教学内容和要求	参考学时
4	危机处理	02－01－05 16－02 29 48－09 M11 M12	本课程主要对应美加美技术岗位技术操作典型工作任务，主要内容有产品问题及异常情况等投诉问题的处理、风险预测等，要求能够解释并处理产品使用过程中可能出现的问题和操作过程中的问题，了解异常情况（操作、产品、仪器）处理的沟通方法及技巧，学会处理售后疑难问题	36

注（1）“对接典型工作任务及职业能力”一栏，编码与“附录（一）医学美容技术专业职业能力分析表”对应，学科课程除外。（2）“M”表示编码与“附录（二）美加美高端美容技术岗位（群）能力分析表”对应。

十一、教学安排

教学安排见表1－12。

表1－12　教学安排

课程类别		课程名称	学分	总学时	各学期周数、学时分配 1	2	3	4	教学场所学时分配 企业教学点	岗位	评价方式	说明
					18	18	18	18				
公共基础课程	必修课	思想品德修养与法律基础	4	72	2	2			72		①②	理论课程以集中讲授为主要方式在企业教学点完成，在岗位以在线学习形式学习
		毛泽东思想和中国特色社会主义理论体系概论	4	72	2	2			72		①②	
		形势与政策	2	36				2	36		①②	
		应用写作	3	54	3				34	20	①②	
		英语	4	72	2	2			72		①②	
		计算机应用基础	2	36		2			36		①②③	
		体育	2	36				2	36		②③	
		就业指导与职业生涯设计	2	36				2		36	②③	
		创新创业基础	2	36			2			36	③④	
		已安排课程小计	25	450	9	8	2	6	358	92		
		……	…	…	…	…	…	…				
		小计		650								
专业课程	专业技术技能课程（必修课）	美容行业企业认知	2	36	2				6	30	①②③	集中教学与岗位培养相交替，双导师
		店务与运营	4	72				4	18	54	②③④	
		美容皮肤护理方案制定	4	72			4		36	36	①③④	
		美容美体技术	6	108		2	2	2	36	72	①②③④	
		美容仪器应用	2	36			2		6	30	①②③④	
		客情管理	3	54		3				54	②③④	

续上表

课程类别			课程名称	学分	总学时	各学期周数、学时分配				教学场所学时分配		评价方式	说明
						1	2	3	4	企业教学点	岗位		
						18	18	18	18				
专业课程	专业技术技能课程（必修课）		美容咨询与沟通	2	36			2		10	26	②③④	共同承担教学任务，以集中讲授、任务训练、岗位培养、在线学习等为主要教学形式
			医美技术服务	5	90	2	3			30	60	①②③④	
			营销实务	4	72				4		72	①②③④	
			中医体质辨识与养生	4	72			2	2		72	①②③④	
			美容化学基础	4	72	4				36	36	①②③	
			美容医学基础	3	54	3				36	18	①②③	
			美容营养	2	36		2				36	①③	
			毕业设计	4～6	120～180					30	90～150	①②	
			已安排课程小计	49～51	930～990	11	10	12	12	244	686～746		
			……	…	…	…	…	…	…	…	…		
			小计		1 100								
	学徒岗位能力课程（限选课）	营销策划	营销策划与技巧	2	36				2		36	④	在岗位以集中培训、一对一师带徒等为主要教学形式
			客户管理	1	18				1		18	③④	
			产品销售培训	2	36			2			36	③④	
		技术服务	会所标准与服务、美容院信息管理（二选一）	1	18			1			18	③④	
			产品搭配与项目整合	2	36			2			36	①②③④	
		美加美高端美容	声光电美容仪器使用与维护	2	36		2				36	②③④	
			美加美方案制定	2	36				2		36	①③④	
			美加美服务流程、危机处理（二选一）	2	36	2					36	②④	
			已安排课程小计	14	252	2	2	5	5		252		
			……	…	…	…	…	…	…	…	…		
			小计		300								
已安排课程合计				88～90	1 632～1 692								
任选课（含专业拓展课程）				…	150	…	…	…	…	…	…	…	

续上表

课程类别	课程名称	学分	总学时	各学期周数、学时分配				教学场所学时分配		评价方式	说明
				1	2	3	4	企业教学点	岗位		
				18	18	18	18				
合计		大于90	2 000 ~ 2 200	22 ~ 26	22 ~ 26	22 ~ 26	22 ~ 26				

注：(1) 二年制学生入学已有专业基础，与高职对接的课程，学时比三年制高职相同课程的学时少，学徒岗位课程也不同。(2) 总学时数为2 000 ~2 200 学时，选修占10%，必修课约1 800 学时，公共基础课程占20% ~30%学时，专业技术技能课程和学徒岗位能力课程为1 200 ~1 400 学时（含4 ~6周的毕业设计或毕业论文)。(3) 评价方式：①笔试，②面试，③任务考核，④业绩考核。(4) 总学分不少于90，含军训及入学教育、在岗培养、社会实践、毕业教育等活动的学分。(5) "……" 表示由各院校自行安排的必修课程、选修课程。(6) 上表教学场所学时分配是针对在企业员工中招生，且企业教学条件能满足教学要求，学校在企业设立教学点的情况。

十二、教学基本条件

实施校企联合培养，一体化育人，双方必备的基本条件有：一是合作育人协议，二是合作育人的基本工作制度，三是企业有足够的供学徒学习的工作岗位和必需的课程教学基本条件。双方必备的基本条件包括师资条件及实训条件。

(一) 学校条件

1. 学校导师条件

学校导师的职业教育经验及工作经历，对现代学徒制人才培养模式内涵的认识和理解，是现代学徒制人才培养方案制定、课程体系建构、教学组织实施、教学设计等各环节落实到位的重要因素。学校导师应具备以下条件：

(1) 具有高等职业学校教师资格证书；本科以上学历，讲师以上职称，是具有高级美容师或相关职业资格的双师型教师。

(2) 担任专业核心课程教学的教师应具备双师职业资格证书，连续3 年独立完成专业主干课程（至少两门）的教学任务，有美容行业企业相关岗位工作经历和专业实践能力。

(3) 具有运用专业知识解决实际问题的能力，具有创新性思维，教学思路清晰、教学方法与内容能够满足学徒岗位技术能力提升要求。

(4) 了解美容行业发展及市场需求，熟悉本专业学生主要就业岗位典型工作任务及能力要求。

2. 校内实训室

校内实训室及主要设施设备，按照满足一个教学班（30 人）的医学技能实训项目要求进行配置，详见表1 －13。

表1－13 校内实训室及主要设施设备

序号	实训室名称	主要工具和设施设备		
		名称	规格	数量（生均台套）
1	美容基础医学实训室	解剖标本及模型等，医学基础实训	30套	1套/人
2	皮肤护理实训室	美容美体技术实训及美容师考证用物用品、设备	15套	1套/2人
3	中医美容技能实训室	人体针灸穴位发光模型、中医传统技能训练工具及用品	2具、30套	1具/组、1套/人
4	医学美容技能实训室	文眉机及用具、美容仪器等	30套	1套/人

（二）企业条件

1. 企业导师条件

企业拥有较为稳定的导师团队，能够开展员工岗位晋升培训、新员工入职培训及考核工作。企业导师聘任条件：

（1）具有良好的职业道德和协作能力、良好的师德和自主学习能力。

（2）能服从学校的教学管理，遵守校企教学规章制度。

（3）有5年以上企业岗位工作经历，大专以上学历或高级美容师以上职业资格。

（4）具有企业人力资源管理、技术服务、技术培训等岗位丰富工作经验的管理骨干和技术骨干或专业技术能力突出的一线优秀员工不受上述学历、职称限制。

2. 岗位培养条件

企业组织架构完整，管理制度健全，员工总人数500人以上，内部晋升考核自成体系，学习管理规范；能按人才培养方案的要求提供学徒岗位，学徒岗位的设施设备条件与学徒人数匹配，基本能满足学徒岗位培养要求。

（1）教学场地条件完备。场地功能布局合理，教学设施设备先进，有集中学习的课室，可满足课程教学及岗位技能考核要求。

（2）岗位学习制度完善。能定期对员工开展职业岗位能力提升的相关培训，如企业文化培训、服务流程培训、技术操作规范及手法培训、职业素质提高培训、职业心态调整与潜能开发培训等。

（3）人才培养体系独立、内容完整。包括课程管理（培养计划、培训形式、误件、教材等）、师资管理、培训考核评价管理等。

（4）岗位课程及学习形式多样，课程设置针对不同岗位分层、分类培养。

十三、教学实施建议

（一）教学要求

公共基础课程既要符合教育部有关教学基本要求，又要结合企业实际，教学安排及教学方法有一定的规范性和灵活性，重在提升学生的文化素质，为提升学生的专业学习能力、可持续发展能力奠定必备的文化基础，以网络教学、在线学习为主要的学习形式。

专业课程以岗位培养、工学交替为主要形式，学生入学已具有专业基础及岗位工作经验，专业课程重点是提升岗位能力及解决实际问题的能力，教学组织以适应学徒工学交替、岗位培养要求，采用集中讲授、项目培训、任务训练、案例分析、项目化教学及岗位培养等多种形式。充分利用互联网平台，由学校和企业发布可在线学习课程资料，以线上线下学习相结合的方式，更灵活地完成某一门课程的学习任务。在线学习与在线交流、系统学习与碎片化学习相结合。学校导师讲解专业理论知识，让学生明白为什么这么做，也可利用在线学习平台发布非课程任务的辅导材料，拓展相关知识点。企业导师以师带徒、岗位培养等形式完成专业技术技能教学，让学生明白怎么做。

（二）教学组织形式

以工学交替、“教、学、做一体”为主要的教学模式，采用0+2或0.5+1.5的培养模式。0+2模式，即送教上门，集中教学与岗位培养均在企业；0.5+1.5模式，即第一学期在校学习公共基础课程及部分专业基础理论，第二学期进入企业，采取集中教学与岗位培养相交替的模式，学习专业技术技能及学徒岗位课程。集中教学与岗位培养交替时间根据企业岗位实际情况灵活安排。一般集中教学时间每月不少于4天，6~8学时/天，每周至少4天在工作岗位，以师带徒形式完成岗位学习任务。

集中教学的方式为理论讲授、企业培训、任务训练，岗位培养的教学方式为师带徒或岗位实践。

（三）学业评价

学业评价重点是学习效果的评价，即学生专业能力和专业素质的考核评价。由双导师共同制定考核方案，采取企业评价、学生评价、学校评价和社会评价的综合评价方式，对学习过程及结果进行考核评价。考核形式有面试、笔试、项目考核、客户满意度评价、业绩考核等多维度考核评价。过程评价包括态度、纪律、方法、诚信服务意识、学习能力等。结果评价主要为业绩考核，包括服务人次、服务项目、技术水平及解决实际问题的能力等。能力考核包括客户满意度、组织协调能力、操作规范等。专业知识以笔试和面试为主要考核形式，考核侧重知识应用及操作的指导，学校导师为评价主体；专业综合能力和素质考核评价，是对过程及结果的全面评价，企业导师和客户是评价的主体；项目培训考核，参照行业标准，企业导师为评价主体，考核方式为任务考核、业绩考核等，考核成绩的权重由双导师团队依据课程目标自行设计。不同课程考核侧重点不同，评价主体不同，各类型评价在总评成绩中的占比也不同。

（四）教学管理

建立适应校企共同培养、共同管理的教学管理制度及质量管理体系，实行学分制管理，学生必须按照要求修完规定的学分才能毕业。

教学管理实行双主体三级负责制，在学校，学校是教学管理的主体。在主管校长的领导下，学校（院）、二级学院（系、部）、教研室对人才培养质量诸要素和教学过程各环节进行管理监控、检查、评价及反馈和调整。在企业，企业是教学管理的主体，企业负责人、人力资源部、培训部对学徒学习过程的各环节进行监控、考核评价及反馈。

教学组织实行"四双共管"，即双专业负责人、双班主任、双导师、学徒双身份。教学过程管理中要具有一定规范性和灵活性，给学生创造足够的灵活度和空间，在教学安排、课程设置、考试考核与评价考试等方面采取与之相适应的教学管理模式。

（五）质量监控

现代学徒制双主体育人、双场教学，质量监控由校内延伸至校外。质量监控保障机制建立包括内部质量监控及外部质量监控，借助信息化管理手段，建立信息化管理平台，将教学质量监控纳入学校督导管理系统及企业员工培训考核管理体系。

（1）校企共同组建现代学徒制教学管理组织协调机构，配合学校教务处、二级学院（系、部）对日常教学运行及课程建设进行管理和监控，及时解决教学中出现的问题。

（2）学校教务处、督导室不定期组织人员到企业进行现场听课，组织学生座谈，查阅教学文件和相关记录，开展评教评学活动。

（3）企业进行定期和不定期的岗位巡视，检查学徒学习情况，及时反馈教学中出现的问题。

（4）建立网络质量监控系统，通过网络获取教学组织实施、学生学习、课程考核等信息，对课程教学效果和质量进行评价及反馈。

十四、其他

现代学徒制二年制，即"先招工后招生"，学生入学前已具备美容专业基础及工作经验，学习目标清晰，在岗学习提升学历的同时更需要提高运用专业知识解决问题的能力，课程内容与岗位工作任务对接要求更为突出，因此，设置课程、构建课程体系必须突破传统的学科体系，基于工作任务设计教学方法，教学过程弹性管理，以学业考核评价体系结果为导向，增加过程考核的权重。

高职现代学徒制医学美容技术专业教学标准（三年制）

一、专业名称及代码

医学美容技术（620404）。

二、招生对象

应届、往届高中毕业生，中职毕业生（不限专业，即无专业基础及工作经历）。

三、基本学制与学历

（一）学制

全日制三年。

（二）学历

学习合格取得专科学历。

四、培养目标

本专业培养与我国社会主义现代化建设要求相适应，德、智、体、美全面发展，面向美容保健服务行业及医药卫生行业，既能从事美容咨询、美容师、美容导师等工作，又能胜任美容顾问、美加美高端美容、店长学徒岗位工作，具备美容保健必备的医学知识、个性化方案设计与实施、营销策划及店务管理能力，具有良好的职业形象、服务意识、团队合作精神和专业沟通能力，以及自主学习能力，在美容营销、服务、管理第一线的复合型和创新型技术技能人才。

五、培养方式

校企联合招生、联合培养，一体化育人。人才培养体现校企双主体、交互训教、岗位培养、学徒双重身份、工学交替、在岗成才的要求，由双导师共同承担教学任务。公共基础课程及专业技术技能课程的基础理论知识教学在学校由学校导师承担，主要以集中授课方式进行；职业形象及专业基本技能训练在学校由企业导师承担，以集中培训和任务训练等方式进行；专业技术技能课程的技术操作及学徒岗位课程的教学在企业主要由企业导师承担，以岗位培养、师带徒等形式进行。

六、职业范围

（一）职业生涯发展一般路径（见表1－14）

表1－14　医学美容技术专业毕业生职业生涯发展一般路径

<table>
<tr><th rowspan="3">发展阶段</th><th rowspan="3">学徒岗位</th><th colspan="6">就业岗位</th><th rowspan="3">学历层次</th><th colspan="2">一般发展年限（参考时间）</th></tr>
<tr><th colspan="3">美容保健服务行业</th><th colspan="3">医疗卫生行业</th><th rowspan="2">中职</th><th rowspan="2">高职</th></tr>
<tr><th>销售岗位</th><th>管理岗位</th><th>技术岗位</th><th>销售岗位</th><th>技术岗位</th><th>服务岗位</th></tr>
<tr><td>Ⅵ</td><td></td><td>品牌总监</td><td>区域经理</td><td>技术总经理</td><td>咨询组长</td><td>运营经理</td><td>会员总监</td><td>高职</td><td>10年以上</td><td>8年以上</td></tr>
<tr><td>Ⅴ</td><td></td><td>市场总监</td><td>会所经理</td><td>技术总监</td><td>现场咨询</td><td>医助主管/组长</td><td>会员副总监</td><td>高职</td><td>8～10年</td><td>5～8年</td></tr>
<tr><td>Ⅳ</td><td>店长/技术主管</td><td>见习总监</td><td>店长</td><td>技术主管</td><td>电话咨询</td><td>医助、技师</td><td>客服经理</td><td>高职</td><td>5～8年</td><td>3～5年</td></tr>
<tr><td>Ⅲ</td><td>培训讲师/美容顾问</td><td>培训讲师/美容顾问</td><td>店长助理</td><td>美容师（高）</td><td>网络咨询</td><td>护理师/美容师</td><td>销售经理</td><td>高职</td><td>3～5年</td><td>2～3年</td></tr>
<tr><td>Ⅱ</td><td>美容导师</td><td>美容导师</td><td></td><td>美容师（中）</td><td>咨询助理</td><td>护理师/美容师</td><td>销售主管</td><td>高职/中职</td><td>2～3年</td><td>1～2年</td></tr>
<tr><td>Ⅰ</td><td></td><td>见习美容导师</td><td></td><td>美容师（初）</td><td colspan="2">导诊/导医</td><td>导购</td><td>中职</td><td>1～2年</td><td>6～12个月</td></tr>
</table>

注：(1)“发展阶段”是将职业发展分为若干个阶段，每一阶段发展年限因各企业的具体情况而不同，上表发展年限为行业企业调研获得，可供参考。(2)“就业岗位”的分类仅供参考。(3)“学历层次”只明确中高职对应的层次。

（二）面向职业范围（见表1－15）

表1－15　医学美容技术专业毕业生面向职业范围

序号	对应职业（岗位群）	学徒目标方向	职业资格证书举例
1	销售岗位（美容导师、网络咨询、电话咨询等）	美容导师、培训讲师、美容顾问	美容师、企业培训师
2	管理岗位（店长、经理）	店长	美容师、健康管理师
3	技术岗位（高级美容师、美容导师、护理师、医助）	技术主管	美容师、公共营养师

（1）美容顾问岗位：为客户提供专业的美容咨询，解决客户美容问题。如根据客户需求制定有针对性的美容方案，对客户需求进行解答，并寻找行之有效的解决方法。

（2）美容技术主管岗位：负责美容会所技术服务流程与服务技能的管控，包括技术培训、员工培训、专业知识培训、各岗位培训、专业提升培训等，全面提高员工专业度和技术岗位专长，从而更好地服务客户，满足企业发展的需求。

（3）美容会所店长：统筹美容会所全局管理工作，主导会所的所有业务事项，带领全员最终达到业绩目标。如会所营销规划、客户管理与开发、客户服务流程管控等。

（4）美容培训讲师岗位：主要负责美容市场信息的收集与反馈，公司加盟店及各省市产品经销商的产品知识、美容手法的培训；制订并完善公司培训计划及方案，制订美容院运作方案及培养员工队伍，以及提供美容咨询，协助美容主讲者推广美容活动等相关工作；参与大型促销活动主持及组织策划。

（5）美加美高端美容岗位：是适应美容新业态——美加美系统推广应用开发的高端美容岗位（群），包括销售、管理及技术岗位。该岗位（群）运用美加美系统安全、快速、有效地解决面部年轻化问题。

七、人才规格

（一）职业素养（见表1－16）

表1－16　职业素养

职业素养	合作企业要求举例
（1）具有良好的职业形象和服务意识。 （2）具有诚实守信、爱岗敬业、团结合作、吃苦耐劳的职业精神。 （3）具有专业的沟通交流能力。 （4）具有信息安全及隐私保护意识。 （5）精益求精，具有高度责任心。 （6）主动学习，具有创新创业意识及能力	（1）精致的职业妆、穿工作服、保持微笑面容等。 （2）诚实守信、服务意识强、爱岗敬业、吃苦耐劳，销售回访认真负责。 （3）服务流程各环节与顾客适度沟通，要求使用接待话术、预约话术、操作话术、销售话术等。 （4）有良好的团队合作精神和团队意识，能在团队中履行个人的职责并支持配合他人开展工作。 （5）有卫生消毒意识、产品安全及仪器操作安全意识等，使用物品符合卫生安全要求，不使用过期变质产品，不违规操作。 （6）不泄漏客户信息、尊重客户的隐私权。 （7）会用常用办公软件录入客户信息并进行相关数据统计、分析；具有良好的信息观念，能敏锐地捕捉客户信息、市场信息和产品信息

（二）专业能力（见表1－17）

表1－17 专业能力

专业能力	合作企业要求举例
（1）具有审美和创美能力。 （2）能够正确判断皮肤类型、分析问题皮肤成因，制定解决方案。 （3）能够根据美容服务标准流程实施美容美体技术操作。 （4）熟知美容仪器设备功效，熟练操作美容仪器设备，并能进行基本维护及保养。 （5）能够正确选择并使用产品，搭配产品和整合项目。 （6）熟练运用中医美容保健技术。 （7）具备运用美容医学基础、中医养生、美容保健、化妆品、美容心理学等知识指导美容实践的能力。 （8）能开展美容咨询，制定及执行营销方案。 （9）具备开展美容养生专业知识、产品、技术、方案、项目等培训能力。 （10）能建立顾客档案，收集典型案例，制订美容保健计划。 （11）具备美容店务管理及行政管理能力	（1）熟悉接待、预约、售后跟进、会员资料管理、服务流程及话术。 （2）熟悉面部及身体护理项目理论（原理、功效、成分、适用人群、注意事项、禁忌等）、项目操作（手法、步骤、仪器操作、手法技巧等）。 （3）能够进行专业介绍（产品、技术、项目等），树立顾客信心、引导需求产生。 （4）用电话、微信等方式确定预约定位、跟进产品或项目效果，收集顾客意见。 （5）解释并处理产品使用或操作过程中可能出现的问题。 （6）熟悉不同产品的适用人群、成分、功效及注意事项，用看、闻、抹、拍、摸等方法对比产品效果，根据不同问题皮肤搭配不同的产品。 （7）了解光电美容仪器的作用原理、功效、操作注意事项及操作禁忌，介绍各类光电美容仪器表述专业；制定仪器管理标准，并按仪器管理标准，定期定时完成设备维护。 （8）熟悉面部及身体保健护理流程及诊断（问诊、望诊、触诊）、按摩技巧、常用穴位定位、取穴方法，熟悉刮痧、拔罐的适应证、禁忌症、操作方法、技巧及步骤。 （9）观察皮肤（肤色、肤质、毛孔、油脂分泌等问题）并做出判断，分析问题皮肤成因。 （10）运用医学审美评价标准，对客户健康及面部皮肤进行全面分析，评估预期效果，展示案例，铺垫销售。 （11）根据客户面部皮肤问题及需求，综合分析，与客户沟通解决方案并达成共识，确定项目组合（产品、仪器、手法、步骤），进行疗程设计，指导方案实施及家居保养（饮食调理、膳食建议、产品使用等）。 （12）确定项目培训内容（品牌理念、特有成分 、功效、适合人群、价格、专利技术、售后服务标准、维修管理标准），培训前文字编辑及PPT制作，培训后考核标准及试题制定。 （13）用电话、微信跟进方案实施进程，指导解决常见问题的处理、提醒注意、活动邀约。 （14）收集案例护理前、后对比图片或视频资料，进行效果对比分析

八、典型工作任务及职业能力分析

根据医学美容技术专业美容导师、美容顾问、培训讲师、店长、技术主管目标岗位，运用头脑风暴、文献研究、咨询专家、问卷调查、案例研究等方法，开展行业企业专家研讨会，获得11个典型工作任务，以及65个工作项目、237个工作任务、831条职业能力点。典型工作任务见表1-18，职业能力分析表见附录。

表1-18 典型工作任务一栏表

序号	典型工作任务	工作项目及职业能力要求	备注
1	认同企业	01、02、04	工作项目及职业能力要求编号与职业能力分析表对应
2	熟悉项目	03、07、08、14、17、18	
3	服务流程	05、06、09、10、11、12、13、36	
4	美容方案制定	14、15、16	
5	产品培训	19、20	
6	营销策划	21、22、23、44	
7	医美服务	24、25、26、27、28、29、30、31、38、39、40、41、42	
8	仪器操作	32、33、34、35	
9	客情管理	36、37、43、48	
10	美容咨询	45、46、47、48	
11	美加美高端美容	M03、M08、M09、M10	

注：(1)“工作项目及职业能力要求”一栏，编码与“附录 (一) 医学美容技术专业职业能力分析表”对应。(2)“M”表示编码与“附录 (二) 美加美高端美容技术岗位（群）能力分析表”对应。

九、课程结构

课程模块分为公共基础课程和专业课程两个模块，专业课程分为专业技术技能课程、学徒岗位能力课程、专业拓展课程三类。公共基础课程根据教育部有关规定安排，专业课程设置根据美容职业岗位（群）能力要求设置。专业技术技能课程依据不同学徒岗位方向共同需要的职业能力要求设置，学徒岗位能力课程是根据学徒岗位方向的特定要求设置。专业拓展课程是为学徒适应其他美容企业岗位能力要求而设置，由学校自行安排。课程体系结构见表1-19。

表 1－19　课程体系结构

课程模块			课程名称	课程性质
公共基础课程			思想品德修养与法律基础	必修课
			毛泽东思想和中国特色社会主义理论体系概论	必修课
			形势与政策	必修课
			应用写作	必修课
			英语	必修课
			计算机应用基础	必修课
			体育	必修课
			就业指导与职业生涯设计	必修课
			创新创业基础	必修课
专业课程	专业技术技能课程		美容行业企业认知	必修课
			店务与运营	必修课
			美容皮肤护理方案制定	必修课
			美容美体技术	必修课
			美容仪器应用	必修课
			客情管理	必修课
			美容咨询与沟通	必修课
			医美技术服务	必修课
			中医体质辨识与养生	必修课
			美容医学基础	必修课
			美容化学基础	必修课
			美容营养	必修课
			毕业设计	必修课
	学徒岗位能力课程	营销策划	营销策划与技巧	限选课
			营销实务	限选课
			客户管理	限选课
			产品销售培训	限选课
			营销方案制定	限选课
		技术服务	会所标准化服务	限选课
			美容院信息管理	限选课
		美加美高端美容	美加美高端美容技术	限选课
			美加美方案制定	限选课
			美加美服务流程	限选课
			危机处理	限选课
	专业拓展课程		由学校自行设置，不低于 6 学分	任选课

十、课程内容及要求

（一）公共基础课程（见表1－20）

表1－20　公共基础课程

序号	课程名称	主要教学内容和要求	参考学时
1	思想品德修养与法律基础	本课程是高校大学生进行思想道德和法制观念教育的必修课，也是企业对员工进行思想品德与职业道德教育的重要内容，以企业工作案例为课堂教学的基本教学案例。以员工职业道德培养与法律教育为主线，理论教学与企业员工学法守法用法的自觉性培养相结合，培养正确的理想信念和爱国主义精神，树立正确的人生观和价值观	72
2	毛泽东思想和中国特色社会主义理论体系概论	本课程是进行中国特色社会主义理论与实践教育的必修课，以岗位实践、在线学习等形式，让学生正确理解毛泽东思想、中国特色社会主义理论的科学体系、精神实质和立场、观点、方法，树立建设中国特色社会主义的坚定信念，培养运用马克思主义的立场、观点、方法分析和解决问题的能力，自觉执行党的基本路线和基本纲领，爱岗敬业	72
3	形势与政策	本课程是高校思想教育的必修课，以在线教学等方式，了解国际、国内形势，全面正确认识党和国家面临的形势和任务，正确理解并拥护党的路线、方针和政策，增加学生的爱国主义责任感和使命感，增强实现社会主义现代化建设宏伟目标的信心和社会责任感，自觉自愿投身于国家经济建设事业，明确自身的人生定位和奋斗目标	36
4	应用写作	本课程主要以美容导师及店长的职业能力要求为导向，以岗位工作案例为课程教学案例，如调研、策划、会议、宣传、洽谈、工作计划及总结等，通过开展调研活动，集中教学形式，培养学生写作调查报告、可行性分析报告、预测报告、制订部门工作计划、营销策划书等各种会议文书的写作能力及技巧，增强学生的职业能力和就业竞争力	36
5	英语	本课程以行业发展需求为导向，结合职业岗位要求，以培养学生具备运用英语交流沟通的基本能力为目标，侧重美容服务、化妆品应用等职场环境下用英语进行交流与沟通的能力培养，以网络教学、集中面授等方式，培养学生跨文化交流意识，增强学习兴趣和自主学习能力，为提升学生的就业竞争力及未来的可持续发展打下必要的基础	72

续上表

序号	课程名称	主要教学内容和要求	参考学时
6	计算机应用基础	本课程以岗位信息化管理及服务要求为导向，确定课程目标及教学内容，以工作表格、顾客档案建立等案例作为教学案例。学习计算机常用办公软件、计算机网络、信息安全等方面的基础知识及使用方式，提高办公软件高级应用技能，具有简单处理图像、声音、视频等多媒体的能力，以及常用办公软件的应用能力	72
7	体育	本课程内容以职业形象及胜任岗位工作任务的健康要求为目标。以强身健体，同时又具有美体塑形的项目为主要学习内容。选择适合的体育项目训练（瑜伽、运动保健等），让学生获得各专项运动项目的基本知识、技术和技能；具备科学锻炼身体、保健养生及运动损伤预防的方法，具有改善身体形态、机能，以及提高身体素质和运动的能力	72
8	就业指导与职业生涯设计	本课程内容与企业员工职业生涯发展规划相融合，运用职业目标、职业意识、职业岗位要求和创业准备等教学案例，培养学生的社会能力和方法能力，提高其岗位适应能力。让学生理解职业与成才的关系、理解职业生涯设计的意义和基本内容，让学生学会认识自己和社会，了解企业的行为规范，形成职业意识并做出职业生涯设计	36
9	创新创业基础	本课程主要任务是培养学生创新精神与创业意识，让学生了解创业所需要的基本知识，熟悉开办美容企业的流程与管理，具备必要的诚信力、决策力、管理力、创建力和社交力等素质；树立科学的创业观，主动适应行业发展和个体全面发展需求，正确理解创新创业与职业生涯发展的关系，自觉遵循创新创业规律，积极投身创新创业实践	35

（二）专业技术技能课程（见表1－21）

表1－21 专业技术技能课程

序号	课程名称	对接典型工作任务及职业能力	主要教学内容和要求	参考学时
1	美容行业企业认知	01 48 M01	本课程是入职美容行业的第一课，主要与认同企业典型工作任务对接，主要内容包括企业文化、职业形象、职业素养及岗位职责等，培养学生具有良好的职业心态及职业素养，了解并认同美容行业企业，树立专业的自信心和自豪感，从而爱专业、爱行业，对专业课程学习有兴趣	36

续上表

序号	课程名称	对接典型工作任务及职业能力	主要教学内容和要求	参考学时
2	※店务与运营	01－03 02 05 06 09 10 11 12 13	本课程内容与美容顾问、店长等岗位的典型工作任务对接，主要包括美容门店运营标准化服务流程，日常经营管理等。以岗位培养、师带徒等形式，了解企业运营与标准化管理要求、工作流程、项目操作流程、接待流程，能够根据预约接待、服务跟进等工作规范，完成店务日常运营与管理工作任务	36
3	※美容皮肤护理方案制定	02－02 03 07－03 09－03 14 19－01 19－03 M08	本课程内容与美容顾问、美容师岗位的美容方案制定与实施典型工作任务对接，包括分析顾客皮肤、健康状况，个性化皮肤护理方案设计及方案制定等。要求能够正确分析皮肤问题，了解顾客健康状况及美容需求，正确搭配项目、制定个性化皮肤护理方案解决皮肤问题，解释项目功效、疗程	72
4	※美容美体技术	01－02－03 02－02 02－03 02－06－03 02－06－04 03 48－02	本课程内容主要与美容师、技术主管等技术岗位的美容项目流程操作典型工作任务对接，包括面部及身体护理基本知识、护理操作流程及规范、操作手法、沟通话术、技术培训与操作指导等，要求熟悉美容美体护理项目理论及操作流程，熟练运用护理操作手法、步骤及技巧，独立完成面部及身体护理项目操作，并进行专业沟通和解释	216
5	美容仪器应月	02－04 07－02 18 32 33 34 35 M10－01 M10－02	本课程内容与美容技术岗位仪器操作典型工作任务对接，主要内容有仪器设备及耗材日常维护与管理、光电类仪器操作、仪器适用人群、注意事项等，要求了解仪器的品牌文化、产地、原理、功效，会操作常用仪器，进行仪器保养维护，了解仪器操作注意事项及禁忌，进行仪器售后服务、术后跟进、术后教育，具有较强的责任（安全）意识	36

续上表

序号	课程名称	对接典型工作任务及职业能力	主要教学内容和要求	参考学时
6	客情管理	09 11 13－01 16 36－01 36－02 37 43－01 43－02	本课程内容与美容技术服务、营销、管理岗位的客情维护、服务跟进等典型工作任务对接，主要有顾客信息收集、顾客感情管理、精细化管理、服务管理等。要求关心顾客，建立顾客信任，正确记录顾客信息，与顾客建立良好的客情关系，根据项目要求做好效果跟进、顾客二次开发、顾客隐私保护	54
7	※美容咨询与沟通	01－02 02－06 06 07－03 45 46 47	本课程内容与导医、医助、美容顾问、美容师等岗位的咨询与沟通典型工作任务对接，主要内容有医学美容网络咨询、电话咨询、现场咨询、服务流程话术、专业沟通话术等，要求使用服务话术、预约话术、专业话术等与顾客进行有效沟通，引导并确定顾客需求，介绍项目及产品，运用网络、电话等工具进行项目销售及售后跟进	54
8	医美技术服务	24 25 26 27 28 29 30 31 32 38 39 40 41 47－03	本课程内容与导诊、医助等医学美容岗位的手术配合、光电类仪器操作等医疗美容技术典型工作任务对接，主要内容包括就诊客户接待、投诉处理、手术配合、医助沟通、治疗方案沟通、光疗回访等，要求了解就诊客户接待工作任务要求、手术配合要求、沟通内容及沟通技巧，熟悉操作规范及注意事项，具备物理美容技术操作能力	108
9	※中医体质辨识与养生	03 04－01 14－01 14－03	本课程内容与美容技术服务、营销岗位的中医养生项目操作及美容保健教育典型工作任务对接，内容有中医理论基础、中医美容方法、中医美容养生等中医美容基础理论及基本技术。要求学生能够运用中医理论和方法解决美容保健问题、辨识体质、制定养生方案，解释经络美容、刮痧、拔罐、艾灸等传统美容项目功效、原理及其在美容保健中的应用	108

续上表

序号	课程名称	对接典型工作任务及职业能力	主要教学内容和要求	参考学时
10	美容医学基础	02 – 03 03 05 – 04 06 – 02 10 – 02 10 – 03 14 31 – 02 33 – 02 38 – 02 39 42	本课程与美容技术操作、医美设计与咨询等典型工作任务对接，主要内容有正常人体结构与功能、皮肤美容知识、问题皮肤病理等医学基本理论知识，要求能够正确运用正常人体的系统组成及主要功能等医学基础知识（如头面部、躯干、四肢的骨骼、浅表肌群、主要神经及血管分布、皮肤的组织结构、常见皮肤问题等）指导美容技术操作实践	90
11	美容化学基础	09 – 03 19 20 48 – 04 48 – 11 M02 – 04 M08 M16 – 01	本课程与美容师、美容导师岗位的产品应用与产品培训典型工作任务对接，主要内容包括与化妆品密切相关的化学基本知识和基础理论、化妆品原料、化妆品添加剂、化妆品卫生规范、化妆品分类、各类化妆品等。让学生获得化妆品应用必备的化学基础知识，能够运用所学化学知识指导化妆品选择、搭配、使用和营销等工作实践	54
12	美容营养	14 34 41 – 02 M08 – 02	本课程与美容保健方案制定、家居护理等典型工作任务对接，主要内容包括营养与健康、营养与疾病、营养与美容及特殊人群营养膳食等，要求能够以科学营养、合理膳食为指导，根据顾客体重管理、健康减肥需求制订合理的营养膳食计划	36
13	毕业设计	—	通过毕业设计，学生可以综合应用所学的各种理论知识和技能，进行全面、系统、严格的技术及基本能力的练习。要求在毕业前根据学徒岗位不同进行毕业设计，以案例分析、方案设计、调查报告等形式呈现	120 ~ 180

注：(1)“※”课程为学徒岗位核心能力课程。(2)“对接典型工作任务及职业能力”一栏，编码与“附录 （一）医学美容技术专业职业能力分析表”对应，学科课程除外。(3)“M”表示编码与“附录 （二）美加美高端美容技术岗位（群）能力分析表”对应。

（三）学徒岗位能力课程

1. 营销策划岗位（培训讲师、顾问、店长）（见表1－22）

表1－22　营销策划岗位能力课程

序号	课程名称	对接典型工作任务及职业能力	主要教学内容和要求	参考学时
1	营销策划与技巧	12－02 14－01 14－03－03 15－01－01 16－01 19－03 45－01 46－01 47－02	本课程主要与营销岗位工作任务对接，主要内容有美容需求分析、业绩统计及营销方案的制定、项目销售、营销案例分析等，以师带徒、岗位培养等方式，熟悉美容项目及产品营销策略、方案的制定，运用各类营销方法挖掘客户需求，并根据需求推介项目及产品，项目售后跟进，与客户建立良好信任关系	35
2	营销实务	02－02 14 15 16 19－01 19－03 20－01 20－04 21 22 23 44 M06－04 M06－05	本课程内容与美容导师、顾问等岗位的营销策划典型工作任务对接，主要内容包括项目销售、指导与督促执行活动方案、市场规划（基于公司规划）、市场指导、客户二次开发、业绩统计等，要求具有挖掘顾客需求、拓客的能力，能够进行项目销售，熟悉活动方案，了解店务管理，进行项目售后跟进，根据业绩统计分析，制订工作计划及总结	54
3	客户管理	09 11－02 16 36 45－03 M07	本课程主要对应营销岗位典型工作任务，内容包括客户信息管理、服务管理、促销管理及客户开发管理等，通过师带徒学会获取客户信息，建立完善的客户档案等。能与客户之间进行有效的信息沟通，及时将有关产品的信息通过各种方式传递给客户，提供产品情报、突出产品特点、增加消费需求，促进客户了解、信赖并使用产品及服务，以达到稳定市场销售	36
4	产品销售培训	11 15 19 20 21	本课程主要对应美容导师、培训讲师等营销岗位典型工作任务，主要以岗位培养、师带徒等方式学习院装产品、单品培训，要求熟悉产品原理及效果、演示操作流程及手法技巧、讲解不同类型皮肤使用方法及技巧，了解产品使用注意事项，根据不同季节、不同类型皮肤选择搭配不同的产品，熟练使用不同的化妆品	36

续上表

序号	课程名称	对接典型工作任务及职业能力	主要教学内容和要求	参考学时
5	营销方案制定	14 15 21 22 23	本课程对应美容导师、培训讲师等营销岗位典型工作任务，主要以岗位培养、师带徒等方式学习营销活动方案、市场规划、市场指导、项目销售等，要求熟悉营销活动方案的目标、流程、具体内容等，能指导、督促、执行活动方案，基于公司规划进行资源整合、市场运用，具备代理商团队指导能力	36

注：(1)“对接典型工作任务及职业能力”一栏，编码与“附录 (一) 医学美容技术专业职业能力分析表”对应，学科课程除外。(2)“M”表示编码与“附录 (二) 美加美高端美容技术岗位(群) 能力分析表”对应。

2．技术服务岗位（技术主管、高级美容师）（见表1-23）

表1-23　技术服务岗位能力课程

序号	课程名称	对接典型工作任务及职业能力	主要教学内容和要求	参考学时
1	会所标准化服务	02 03 04 07-01	本课程对应美容师服务流程典型工作任务，主要以岗位培养、师带徒方式学习服务标准化、卫生标准化、环境标准化、技术标准化、物料洗消标准化。要求熟悉服务标准化流程及规范要求，能够按标准要求准备用物用品、服务环境，技术操作流程和手法符合标准要求	72
2	美容院信息管理	02 09-01 10-01 12-01 16-03 16-04 27 45 48-06 48-10	本课程对应美容师、美容顾问等岗位客情维护典型工作任务，主要以岗位培养、师带徒等方式熟悉会员资料管理系统、业绩统计、工作报表、客户满意度调查等，要求熟练运用计算机录入客户资料、进行业绩统计、制订工作计划（业绩目标统计分析）等	36

注：(1)“对接典型工作任务及职业能力”一栏，编码与“附录 (一) 医学美容技术专业职业能力分析表”对应，学科课程除外。(2)“M”表示编码与“附录 (二) 美加美高端美容技术岗位(群) 能力分析表”对应。

3. 美加美高端美容岗位（美加美顾问、美加美技师）（见表1－24）

表1－24　美加美高端美容岗位能力课程

序号	课程名称	对接典型工作任务及职业能力	主要教学内容和要求	参考学时
1	美加美高端美容技术	19 20 M01 M02 M03 M06－02 M06－03 M08 M09 M10 M11 M12 M13 M15 M16	本课程主要对应美容顾问、美容导师及技术岗位的典型工作任务，内容包括运用声光电高端美容技术解决抗衰、祛皱、嫩肤等面部年轻化问题，即美加美高端美容项目的作用原理、相关产品规格、质地和特点，要求熟悉不同项目的适用范围、功效及注意事项。具备对高端美容项目效果的理解能力和熟练操作能力	144
2	美加美方案制定	17 48 M02 M05 M06 M07 M08 M09 M13 M14 M15 M16 M17	本课程主要对应美加美顾问岗位美容方案制定典型工作任务，通过企业案例教学（分析皮肤、设计个性化方案、项目与产品搭配、制订工作计划），以师带徒的方式观察不同类型皮肤外观特征，准确把握皮肤状态，正确分析皮肤类型，分析问题成因，根据皮肤问题及产品，设计个性化护理方案，给出问题解决建议	36
3	美加美服务流程	48 M01 M02 M05 M06 M07 M08 M10 M11 M12 M13 M17	本课程主要对应美容美加美技术岗位技术服务典型工作任务，以师带徒的方式熟悉专业接待，了解顾客需求、操作标准流程等，要求熟练运用精致职业妆化妆技法，打造个人专业形象，具有专业接待和沟通能力，熟悉美加美高端护理流程及规范	36

续上表

序号	课程名称	对接典型工作任务及职业能力	主要教学内容和要求	参考学时
4	危机处理	02－01－05 16－02 29 48－09 M11 M12	本课程主要对应美加美技术岗位技术操作典型工作任务，以师带徒等方式学会处理售后疑难问题（产品问题、异常情况）、处理投诉问题、进行风险预测等，能够解释并处理产品使用过程中可能出现的问题和操作过程中的问题，了解异常情况（操作、产品、仪器）处理沟通方法技巧	36

注：（1）“对接典型工作任务及职业能力”一栏，编码与“附录　（一）医学美容技术专业职业能力分析表”对应，学科课程除外。（2）“M”表示编码与“附录　（二）美加美高端美容技术岗位（群）能力分析表”对应。

十一、教学安排

教学安排见表 1－25。

表 1－25　教学安排

课程类别		课程名称	学分	总学时	各学期周数、学时分配						教学场所学时分配		评价方式	说明
					1	2	3	4	5	6	学校	企业		
					18	18	18	18	18	18				
公共基础课程	必修课	思想品德修养与法律基础	4	72	2	2					18	54	①②	教学场所学时分配适用于 1.5（校）+1.5（企）的教学组织形式
		毛泽东思想和中国特色社会主义理论体系概论	4	72			4				36	36	①②	
		形势与政策	2	36	1	1					36		①②	
		应用写作	2	36						2	36		②③	
		英语	4	72	2	2					72		①②	
		计算机应用基础	4	72		4					72		②③	
		体育	4	72	2	2					36	36	③	
		就业指导与职业生涯设计	2	36	1	1						36	②	
		创新创业基础	2	36					1	1		36	②③	
		已安排课程小计	28	504	8	12	4		1	3	306	198		
		……	…	…	…	…	…	…	…	…	…	…		
		小计		650										

续上表

课程类别			课程名称	学分	总学时	各学期周数、学时分配						教学场所学时分配		评价方式	说明
						1	2	3	4	5	6	学校	企业		
						18	18	18	18	18	18				
专业课程	专业技术技能课程（必修课）		美容行业企业认知	2	36	2						6	30	①②③	集中教学与岗位培养相交替，双导师共同承担教学任务，学校导师主要以讲授为主要教学形式，企业导师以岗位培养为主要教学形式
			店务与运营	2	36			2					36	①②	
			美容皮肤护理方案制定	4	72						4	36	36	①②③④	
			美容美体技术	12	216	2	2	2	2	4		72	144	①②③④	
			美容仪器应用	2	36					2		6	30	②③④	
			客情管理	3	54						3		54	①②③④	
			美容咨询与沟通	3	54						3	18	36	②③④	
			医美技术服务	6	108		2		4			36	72	②③④	
			中医体质辨识与养生	6	108			2	2	2		72	36	①②③④	
			美容医学基础	5	90	5						90		①②③	
			美容化学基础	3	54		3					54		①②	
			美容营养	2	36				2			36		①④	
			毕业设计	4～6	120～180							60	60～120		
			已安排课程小计	54～56	1 020～1 080	9	7	6	10	8	10	486	534～594		
			……	…	…	…	…	…	…	…	…	…	…		
			小计		1 200										
	学徒岗位能力课程（限选课）	营销策划	营销策划与技巧、营销方案制定（二选一）	2	36		2						36	③④	企业导师以岗位培养为主要教学方式
			营销实务	3	54					3			54	③④	
			客户管理	2	36				2				36	①②	
			产品销售培训	2	36					2			36	②③④	
		技术服务	会所标准化服务	4	72					2	2		72	③④	
			美容院信息管理	2	36				2				36	①②③	

续上表

课程类别			课程名称	学分	总学时	各学期周数、学时分配 1（18）	2（18）	3（18）	4（18）	5（18）	6（18）	教学场所学时分配 学校	企业	评价方式	说明
专业课程	学徒岗位能力课程	美加美高端美容	美加美高端美容技术	8	144			4	4				144	②③④	
专业课程	学徒岗位能力课程	美加美高端美容	美加美方案制定	2	36						2		36	①②③④	
专业课程	学徒岗位能力课程	美加美高端美容	美加美服务流程、危机处理（二选一）	2	36						2		36	②①③④	
专业课程	学徒岗位能力课程	已安排课程小计		27	486		2	4	8	7	6		486		
专业课程	学徒岗位能力课程	……		…	…	…	…	…	…	…	…	…	…		
专业课程	学徒岗位能力课程	小计			600										
已安排课程合计				109～111	2 010～2 070										
任选课（含专业拓展课程）				…	250										
合计				不低于120	2 500～2 700	22～26	22～26	22～26	22～26	22～26	22～26				

注：（1）总学时数为2 500～2 700学时，专业技术技能课程和学徒岗位能力课程为1 500～1 800学时。（2）评价方式：①笔试，②面试，③任务考核，④业绩考核。（3）总学分不低于120，含军训及入学教育、在岗培养、社会实践、毕业教育等活动的学分。（4）“……”表示由各院校自行安排的必修课程、选修课程。

十二、教学基本条件

实施校企联合培养，一体化育人，双方必备的基本条件有：一是合作育人协议，学校企业学生（家长）三方协议；二是合作育人的基本工作制度；三是企业有足够的供学徒学习的工作岗位和必需的课程教学基本条件。

（一）学校条件

1. 学校导师条件

学校导师的职业教育经验及工作经历，对现代学徒制人才培养模式内涵的认识和理解，是制定现代学徒制人才培养方案、构建课程体系、组织实施教学等各环节的重要因素。学校导师应具备以下条件：

（1）具有高等职业学校及以上教师资格证书；原则上有行业企业相关岗位工作经历和实践经验，本科以上学历，讲师以上职称，是具有高级美容师或相关职业资格的双师型教师。

（2）专业核心技能课程教师应具备双师职业资格证书及从教能力，连续3年独立完成专业主干课程（至少两门）的教学任务。

（3）具有运用专业知识解决实际问题的能力，具有创新性思维，教学思路清晰、教学方法与内容能够满足学徒岗位技术能力提升要求。

（4）了解美容行业发展及市场需求，熟悉本专业学生主要就业岗位典型工作任务及能力要求。

2. 校内实训室

校内实训室及主要设施设备，按照满足一个教学班（30人）的医学技能实训项目要求进行配置，详见表1－26。

表1－26 校内实训室及主要设施设备

序号	实训室名称	主要工具和设施设备		
		名称	规格	数量（生均台套）
1	美容基础医学实训室	解剖标本及模型等，医学基础实训	30套	1套/人
2	皮肤护理实训室	美容美体技术实训及美容师考证用物用品、设备	15套	1套/2人
3	中医美容技能实训室	人体针灸穴位发光模型、中医传统技能训练工具及用品	2具、30套	1具/组、1套/人
4	医学美容技能实训室	文眉机及用具、美容仪器等	30套	1套/人

（二）企业条件

1. 企业导师条件

企业拥有较为稳定的导师团队，能够开展员工岗位晋升培训、新员工入职培训及考核工作。企业导师聘任条件：

（1）具有良好的职业道德和协作能力、良好的师德和自主学习能力。

（2）能服从学校的教学管理，遵守校企教学规章制度。

（3）有5年以上企业岗位工作经历，大专以上学历或高级美容师以上职业资格。

（4）具有企业人力资源管理、技术服务、技术培训等岗位丰富工作经验的管理骨干和技术骨干或专业技术能力突出的一线优秀员工不受上述学历、职称限制。

2. 岗位培养条件

企业组织架构完整，管理制度健全，员工总人数500人以上，内部培养自成体系，岗位管理规范；能按人才培养要求提供学徒岗位，且岗位培养的设施设备条件与学徒人数匹配，基本能满足学徒岗位培养要求。

（1）教学场地条件完备。场地功能布局合理，教学设施设备先进，有集中学习的课室，可满足课程教学及岗位技能考核要求。

（2）岗位培养制度完善。建立并完善定期开展职业岗位能力提升的机制，如企业文化培训、服务流程培训、技术操作规范及手法培训、职业素质提高培训、职业心态调整与潜能开发培训等。

（3）人才培养体系独立、内容完整。包括课程管理（教学计划、培养对象、教学形式、课件、教材等）、师资管理（师资选拔、讲师定级管理）、岗位职业能力考核评价管理等。

（4）课程及教学形式丰富。包括入职培训、在岗培养；有高层管理人员、中层管理人员及基层员工能力提升课程等形式；学习形式有集中教学、导师下店现场培训等。

十三、教学实施建议

（一）教学要求

公共基础课程要符合教育部有关教学基本要求，重在培养学生的文化素养，服务学生专业学习和终身发展，突出“以学生为中心”的理念，强调学以致用，为学生综合素质的提高、自我学习能力提升、职业能力的形成和可持续发展奠定基础。

专业课程的教学按职业岗位（群）的能力要求，充分体现双主体育人、双场所教学、校企一体化的现代学徒制特征。采用项目导向、案例分析、任务驱动、模拟教学、任务训练、角色扮演等教学法，教学内容与安排遵循学徒认知规律及适合学徒工学交替的学习形式要求，发挥校企导师各自的教学优势，通过课程教学、基本技能训练、岗位培养，不断提高学生的专业能力和综合素质，以满足企业岗位需求。教学过程通过数字化资源、教学资源的开发与利用，结合岗位工作案例，提高课程教学效果。

（二）教学组织形式

采取 1.5 +1.5 或 1 +2 的教学模式。1.5 +1.5 模式：第 1 ~3 学期，在校学习公共基础课程、专业基础知识和基本技能，学生完成由学生到准员工的角色转换。第 4 ~6 学期，在企业以企业培训、师带徒、岗位培养及岗位实践等方式学习专业技术技能及学徒岗位课程，学生完成由学徒员工到实习员工再到正式员工的角色转换。1 +2 模式：第一学年，在校学习公共基础课程。第二、三学年，在企业以集中讲授、任务训练、岗位培养等形式完成专业课程教学。整个教学过程体现校企共同培养、一体化育人，学校导师主要以课堂教学形式完成公共基础课程及专业技术技能课程的基本理论教学任务，企业导师主要以师带徒、岗位实践等形式完成专业技术技能课程的实践教学任务。

（三）学业评价

双导师共同制定考核标准，形成以学生、学校、企业、客户共同评价的考核评价体系，以专业技术能力考核及客户评价为主，考核不仅关注学生对美容专业知识的理解和技能的掌握，更重要的是关注知识在实践中运用与解决实际问题的能力和水平，重视美容规范操作、安全意识、服务意识等职业素质的形成，以及团队合作、吃苦耐劳职业精神的培养。实践环节则以工作能力评价、工作绩效评价和客户评价为主要考核依据。

考核评价方式有笔试、面试、任务考核、演讲、竞赛、客户满意度评价、绩效考核等。根据课程的不同，每门课程采取以上一种或多种考核方式相结合的形式进行，考核成绩的比重由双导师团队依据课程目标自行设计。

（四）教学管理

教学管理实行双主体三级负责制，在学校，学校是教学管理的主体。在主管校长的领导下，学校（院）、二级学院（系、部）、教研室对人才培养质量诸要素和教学过程各环节进行管理监控、检查、评价及反馈和调整。在企业，企业是教学管理的主体，企业负责人、人力资源部、培训部对学徒学习过程的各环节进行监控、考核评价及反馈。

通过“四双共管”，即双专业负责人、双班主任、双导师、双身份，加强教学过程管理的效果。责任到人，分工协作。如，学校专业负责人负责集中讲授教学安排，企业专业负责人负责制订集中培训、任务训练及在岗培养计划；学校班主任负责学生的学习考勤管理，企业班主任负责学生的岗位考勤管理；双导师负责课堂及岗位学习管理及考核评价；学徒双身份即学徒既遵守学校学生管理规定，又执行企业员工管理制度。

（五）质量监控

建立科学的质量管理体系，实行学分制管理，学生必须按照要求修完规定的学分才能毕业。教学质量监控纳入学校督导管理系统及企业员工培训考核管理体系。

（1）校企共同组建现代学徒制教学管理组织协调机构，配合学校教务处、二级学院（系、部）对日常教学运行及课程建设进行管理和监控，及时解决教学中出现的问题。

（2）学校教务处、督导室不定期组织人员到企业进行现场听课、组织学生座谈、查阅教学文件和相关记录，开展评教评学活动。

（3）企业进行定期和不定期的岗位巡视，检查学徒学习情况，及时反馈教学中出现的问题。

（4）建立网络质量监控系统，通过网络获取教学组织实施、学生学习、课程考核等信息，对课程教学效果和质量进行评价及反馈。

十四、其他

现代学徒制是“教育界”与“产业界”的“双向跨界”教育。“校企合作、工学结合、产教融合”和“做中学、学中做”是职业教育“跨界教育”鲜明的表现形式。基于协同发展，校企一体，共同推进实施现代学徒制试点，无论是“先招工后招生”，还是“招生即招工”，首先要让学生充分了解现代学徒制培养模式，了解合作企业文化、职业岗位及职业生涯规划，在了解的基础上通过双向选择，在学生与企业彼此认可的情况下，签订三方协议（学校—企业—学生或家长），明确三方的责权利。

上篇附录

开发团队

（一）行业企业专家团队（见表1－27）

表1－27 行业企业专家团队

序号	姓名	单位	职称、职务
1	叶秋玲	广东省卫生职业教育协会医学美容产教联盟	执行理事长
2	龚磊	香港雅姬乐集团有限公司	执行董事长
3	申泽宇	香港雅姬乐集团有限公司	教育学院院长
4	白茹	香港雅姬乐集团有限公司	培训学校校长
5	潘菲菲	香港雅姬乐集团有限公司	人力资源总监
6	朱艳	香港雅姬乐集团有限公司	市场品牌总监
7	谢少坤	香港雅姬乐集团有限公司	培训讲师
8	傅润红	广东伊丽莎白美容健身有限公司	人力资源总监
9	陈敏	广东伊丽莎白美容健身有限公司	培训经理
10	廖美玲	广东伊丽莎白美容健身有限公司	伊丽莎白学校校长
11	何卫勤	广东伊丽莎白美容健身有限公司	伊丽莎白培训讲师
12	胡海妹	深圳市百丽雅美容有限公司	人力资源总经理
13	张翠兰	深圳市百丽雅美容有限公司	技术培训经理
14	林曼华	深圳市荷花经典美容有限公司	总经理
15	张莹莹	深圳市荷花经典美容有限公司	培训讲师
16	俞文兴	广州美莱美容医院	人力资源总监
17	韦昊	广州美莱美容医院	培训经理
18	陆敏婷	广州美莱美容医院	护理师
19	宋信	上海美丽田园美容发展有限公司	人力资源总监
20	何艳彬	珠海纯真香薰美容服务有限公司	人力资源总监
21	高菲	珠海纯真香薰美容服务有限公司	培训经理

（二）学校教师团队（见表1－28）

表1－28 学校教师团队

序号	姓名	单位	职称、职务
1	吴琼	清远职业技术学院	高级讲师、专业负责人
2	冯小军	清远职业技术学院	副教授、高职研究所副所长
3	吴曦	清远职业技术学院	讲师、专业教师
4	王家龙	清远职业技术学院	主治医师、专业教师
5	陈秀虎	清远职业技术学院	副教授、专业教师
6	黄拥军	清远职业技术学院	副教授、专业教师
7	黄雪群	清远职业技术学院	讲师、专业教师
8	黄惠安	清远职业技术学院	医师、专业教师
9	廖黔霖	清远职业技术学院	助教、专业教师
10	郑艳	清远职业技术学院	讲师、二级学院教学管理负责人
11	徐雪冬	清远职业技术学院	高级讲师、教研室主任
12	张秀丽	天津医学高等专科学校	副教授、专业主任
13	熊蕊	湖北职业技术学院	副教授、专业负责人
14	李华英	广州卫生职业技术学院	讲师、专业负责人
15	李道婷	湛江中医学校	高级讲师、系主任
16	程文海	江门中医药学校	主任医师、校长
17	孙晶	白城医学高等专科学校	医学美容专业负责人
18	徐玲	四川卫生康复职业学院	医学美容专业负责人

下　　篇
高职现代学徒制医学美容技术专业课程标准

专业技术技能课程：美容行业企业认知课程标准

一、课程名称

美容行业企业认知

二、适用专业及面向岗位

既适用于三年制医学美容技术专业、中医美容及美容美体专业，又适用于美容企业培训。面向美容行业的技术、营销及管理等所有岗位。

三、课程性质

本课程是入职美容行业的第一课，属专业技术技能课程（专业的核心课程）。课程内容与认同行业企业典型工作任务对接，采用案例教学、岗位培养等教学方式，培养学生具有良好职业心态及职业形象。利用岗位培养教学资源，如企业文化、标准化及规范管理、美容岗位剖析、员工成长历程分享等，解决学生对美容行业认知模糊、就业前景迷茫等问题。让学生了解并认同美容行业企业，树立专业的自信心和自豪感，明晰未来的职业生涯发展定位，对后续课程学习产生兴趣，从而以积极主动的态度对待专业学习。

四、课程设计

（一）设计思路

本课程基于从事美容岗位工作应具备的职业心态和职业素养要求设计课程内容，以美容标准化服务流程及规范为主线，以职业心态引导、职业素养培养为目标，以了解美容行业发展历史及发展前景为前提，选择行业中不同类别企业的典型案例为教学案例，通过真实的企业环境氛围熏陶、员工成长典型案例分享、优质服务全流程展示、企业文化分享、团队组建等教学活动，让学生了解并认同美容行业企业，了解美容企业文化、标准化服务、规范管理、职业形象要求。

（二）内容组织

基于美容标准化服务工作流程的职业礼仪及职业形象要求，课程内容按项目进行整合序化，将医学美容技术专业的专业思想教育内容与入职美容企业的职业心态教育内容相融合，内容包括美容行业历史、美容行业企业类别、企业文化、职业形象打造、职业素养及职业道德5个学习任务，每一学习任务下有若干典型工作任务，依据职业岗位要求确定每一任务目标。

五、课程教学目标

（一）认知目标

（1）了解美容行业发展历史及企业文化的内涵。
（2）了解个人职业形象的意义和重要性。
（3）熟悉优质服务全流程的内容。
（4）熟悉职业礼仪规范。

（二）能力目标

（1）概述美容行业发展历史。
（2）运用企业文化自律自己的言行，打造个人良好的职业形象。
（3）会做三年职业规划。

（三）情感目标

（1）热爱美容行业、热爱企业。
（2）具备爱岗敬业、吃苦耐劳、勇于付出的精神。
（3）具有感恩社会、感恩学校、感恩父母、感恩企业的意识。

六、参考学时与学分

参考学时：三年制36学时。
参考学分：三年制2学分。

七、课程结构

美容行业企业认知课程结构及内容分析见表2-1。

表 2－1　美容行业企业认知课程结构及内容分析

<table>
<tr><th>序号</th><th>学习任务
(单元、模块)</th><th colspan="2">对接典型工作任务及
职业能力要求</th><th>知识、技能、
态度要求</th><th>教学活动设计</th><th>学时
(三年制)</th></tr>
<tr><td>1</td><td>美容行业
历史</td><td>01－01－06</td><td>了解行业
发展史</td><td>1. 了解美容行业的发展历程。
2. 了解美容行业的起源与核心意义。
3. 了解美容行业的发展对人们健康与美丽需求的影响。
4. 了解美容行业与医疗、艺术等相关行业的关系。
5. 了解美容行业的现状与发展趋势，理解大健康的概念。
6. 了解美容行业发展对人才的需求</td><td rowspan="2">1. 案例教学：图表呈现美容行业发展进程。
2. 分组讨论：行业发展趋势。
3. 分析总结：人才需求、健康与美容的关系。
4. 启发归纳：企业类别</td><td>2</td></tr>
<tr><td>2</td><td>美容行业
企业类别</td><td>01－01－01</td><td>了解企业
类型</td><td>1. 了解传统美容、养生、美容美体、医学美容、科技美容之间的区别。
2. 了解生产工厂、销售公司、终端服务之间的不同点与相同点。
3. 熟悉企业的特色项目归属分类。
4. 了解企业组织架构的构成，核心部门、辅助部门之间相互存在的作用，以及企业组织架构的层次区别。
5. 了解企业规模与发展规划</td><td>2</td></tr>
</table>

续上表

序号	学习任务（单元、模块）	对接典型工作任务及职业能力要求		知识、技能、态度要求	教学活动设计	学时（三年制）
3	企业文化	01-01 01-02 01-03	了解企业文化	1. 了解企业的历史及文化、企业荣誉、榜样人物。 2. 了解企业发展愿景和宗旨。 3. 培养企业的团队精神，认识融入团队的重要性。 4. 理解人文关怀。 5. 了解企业核心项目、特色项目。 6. 了解企业规模、技术力量和技术要求。 7. 组织并参与晨会、午会	1. 活动教学：组建团队、融入团队。 2. 动作表达：标准职业礼仪。 3. 情景教学：晨会、午会。 4. 角色扮演：企业形象、电话沟通、面对面沟通。 5. 小组讨论：员工福利、岗位职责	ε
			熟悉礼仪规范	1. 培养良好的职业行为规范。 2. 展示标准服务规范（姿势、引领、眼神、微笑）。 3. 按职业形象要求整理仪表、仪容。 4. 正确使用肢体礼仪，展示企业形象。 5. 运用电话礼仪进行有效沟通。 6. 运用面对面沟通礼仪进行有效沟通		
			了解员工福利	1. 了解奖罚制度。 2. 了解薪酬制度。 3. 了解员工福利制度。 4. 了解休假制度		
			了解岗位职责	1. 了解相关岗位职责。 2. 了解相关岗位任职资格。 3. 了解岗位具体工作任务及要求。 4. 了解工作岗位绩效目标。 5. 了解岗位晋升机制。 6. 了解不同岗位的三年职业规划（会所、营销、技术）		

续上表

序号	学习任务（单元、模块）	对接典型工作任务及职业能力要求		知识、技能、态度要求	教学活动设计	学时（三年制）
4	职业形象打造	M01	精致的职业妆	1. 淡妆（粉底均匀、手法细腻、色彩柔和、整体自然）。 2. 裸妆：妆容自然清新、精心修饰，粉底薄，用淡雅的色彩点染眼、唇及脸色，无明显修饰痕迹。 3. 不佩戴饰品、不涂指甲油、不文身	1. 案例分享：职业形象。 2. 练习：化淡妆、裸妆。 3. 总结点评：妆面效果，接待、引领、微笑礼仪	6
			形体美	1. 着装得体（穿大小合身的职业装），穿中跟或平底、没有响声的鞋，行走自然。 2. 仪态大方、举止优雅、谈吐得体		
			心态积极	面带微笑、自信阳光、充满活力、乐于助人		
			职业形象训练	1. 熟悉职业发型、妆面特点。 2. 熟悉职业礼仪（四姿五礼）。 3. 学会优质服务全流程（接待、引领、微笑）		
5	职业素养及职业道德	48	工作态度	1. 喜欢并认同企业，服从岗位工作安排。 2. 虚心好学、做事认真、踏实、主动，愿意为他人提供帮助。 3. 吃苦耐劳，任劳任怨，不斤斤计较。 4. 服务意识强，服务体贴周到、耐心细致，关心顾客的感受	1. 案例教学：员工成长过程分享。 2. 情景教学：参观企业，阅读产品手册、员工守责。 3. 活动教学法。 4. 问题教学法	18
			责任意识	1. 对待工作有高度的责任意识。 2. 销售回访认真负责。 3. 使用物品符合卫生安全要求。 4. 不使用过期变质产品、不违规操作		

续上表

序号	学习任务（单元、模块）	对接典型工作任务及职业能力要求		知识、技能、态度要求	教学活动设计	学时（三年制）
			创新意识	1. 具有良好的创新意识，对工作进行不断创新（方案、技术、产品、手法的调整）。 2. 具有良好的创造意识，能创造性地开展工作		
			综合素质	1. 了解如何具备成本控制意识，掌握数字运算方法。 2. 培养良好的自主学习能力（新知识、新技术）。 3. 团队合作（配合他人工作、激励团队成员开展工作）。 4. 解决问题能力（发现问题、处理问题）。 5. 信息处理能力（管理软件处理、准确获得信息并处理）。 6. 安全意识（操作安全、卫生安全、隐私安全）		
			沟通交流	1. 善于运用倾听和询问技巧有效获取信息，理解他人的想法和意图。 2. 善于表达特别是口头表达，向他人传达信息，获取对方信任和理解。 3. 有效沟通		
			职业道德	1. 了解职业道德规范的重要性。 2. 了解美容行业职业道德。 3. 了解企业岗位职责要求。 4. 了解绩效考评对岗位的激励性作用		
合计						36

注："对接典型工作任务及职业能力要求"栏目填写的职业能力编码与"附录　（一）医学美容技术专业职业能力分析表"的编码对应，"M"表示编码与"附录　（二）美加美高端美容技术岗位（群）能力分析表"对应。

八、资源开发与利用

（一）教材编写与使用

教材由校企共同编写，教材编写体例以案例、任务训练、图片、视频等形式表现。教学内容与行业发展要求紧密对接，选择企业员工成长轨迹、优秀案例、企业文化等与职业心态引导有关的内容编入教材，应注意案例有代表性、普适性、示范性。内容编排生动、有趣、条理清晰，可读性强，既能满足学生学习需求又符合教材出版要求，可作为医学美容技术专业及其他相关专业的教材。

（二）数字化资源开发与利用

本课程为企业课程，教学场景由校内延伸到校外，参与评价的主体多元化（学生、教师、师傅、企业、学校），为了满足教学场景中更好地实现教学信息可传达、岗位培养教学资源可共享、教学过程可监控、教学质量可评估的目的，教学过程利用移动互联、云计算技术等信息化工具，建立信息化平台，实现线上线下教学相结合。

1. 现代学徒制在线学习平台

由学校和企业发布可在线学习课程资料，学生采取线上线下相结合的学习方式，更灵活地完成本门课程的学习任务。导师也可以发布非课程任务的辅导材料（形式包括但不限于视频、PDF、Word 等），便于学生碎片化学习阅读，拓展相关知识点。

2. 现代学徒制在线交流互动平台

学生和导师之间的在线交流，采用课件、图片、微课、视频、网络咨询等形式，用手机移动端开展在线学习、答疑、知识考核评价等学习进程，最终建成一个丰富可循环利用的资源库，方便学生随时搜索和查阅，也方便教学内容与时俱进。

（三）企业岗位培养资源的开发与利用

企业导师在学生中具有榜样教育的作用，美容企业优秀员工的成长经历分享、成功案例分享、晨会及午会激情带动、定期培训等福利能让学生感受到美容企业文化氛围、团队精神、员工的激情与进取意识。将这些企业岗位培养资源的图片、视频及案例进行收集、整理，制作成微课、教学视频、教材等教学资源，在现代学徒信息化平台上发布，实现线上线下教学共享。

九、教学建议

本课程的教学手段主要采用案例分析、情景教学、角色扮演、活动教学及岗位培养等形式，突出学生岗位能力和职业素质的培养。任务训练突出实用性原则并遵循学生认知规律，案例分析深入浅出，教学设计围绕学生热情、感恩等正能量心态的培养及良好企业认知能力的培养，教学任务主要由企业导师担任，以教、学、做为主要学习形式，课程考核评价包括结果考核和过程考核。

十、课程实施条件

本课程在企业完成，企业有满足课堂教学的场地、现代化的教学工具，以及满足课程教学的教学课件、图片及视频资源等（如企业介绍、组织架构、管理制度、岗位职责、员工手册及职业生涯发展路径的图文资料）。

十一、教学评价

教学评价有导师评价、学生互评与学生自评等多种评价方式，企业导师是教学评价的主体，评价方式有面试、笔试、过程考核及任务考核等。评价内容有过程性评价与终结性评价，过程性评价包括考勤、学习态度、课堂提问、阶段性评价、技能训练完成情况等，终结性评价包括职业心态、团队合作精神、职业形象及职业素质。教学评价重点关注学生对美容行业企业的认知及态度。

十二、课程内容结构图

美容行业企业认知课程内容结构详见图 2－1。

（撰稿人：叶秋玲、吴琼、龚磊）

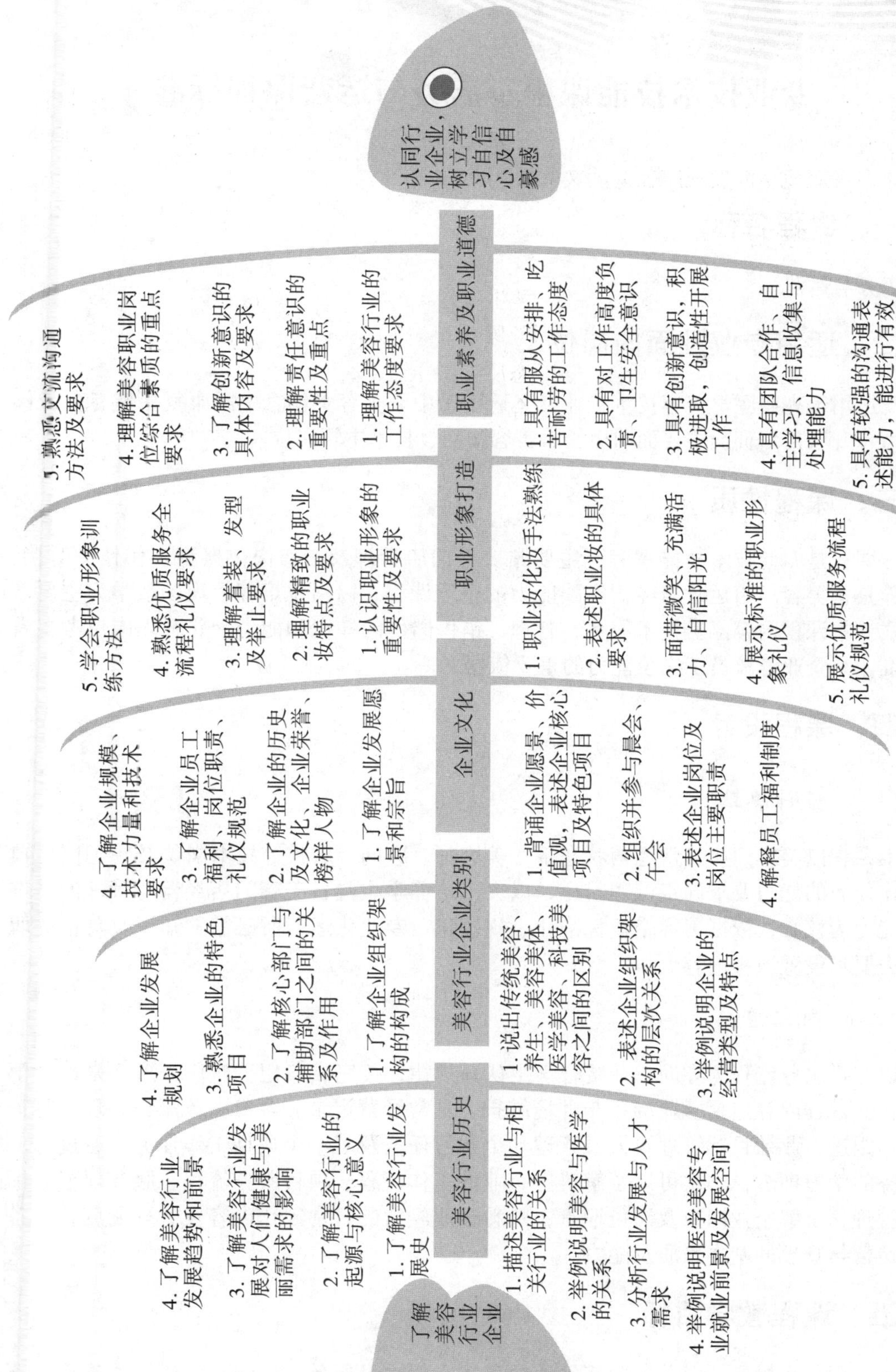

图 2-1 美容行业企业认知课程内容结构图

专业技术技能课程：店务与运营课程标准

一、课程名称

店务与运营

二、适用专业及面向岗位

既适用于高职医学美容技术专业，又适用于中职美容美体、中医康复保健专业及岗位能力晋升项目培训。主要面向店长、美容顾问、技术主管岗位。

三、课程性质

本课程是专业技术技能课程，主要与美容门店管理及销售岗位典型工作任务对接，是培养具备美容门店运营与经营实践能力的企业课程，以岗位培养、现场教学为主要教学方式。本课程内容涵盖技术服务、管理、销售岗位的知识和能力，并融入岗位考核晋升标准，是企业考核员工岗位能力的重要依据之一。

四、课程设计

（一）设计思路

本课程以美容门店日常运营状态下，美容师、顾问、店长等技术岗位及管理岗位典型工作任务的能力要求确定课程目标，以突出培养学生具备美容门店经营与管理的基本职业能力为核心，依据美容企业标准化、规范化、专业化运营所必需的知识及具备的职业能力要求设置课程内容。

（二）内容组织

以客户服务流程为导向，并结合学生认知规律，按完成典型工作任务形式来设计学习项目。课程内容包括营业准备与环境维护、日常经营记录、客户服务流程管理、客户预约与跟进、业绩目标管理及人员管理6个学习任务及若干个典型工作任务。通过每一个任务的学习训练，学生可以了解美容企业的工作流程、项目服务流程、服务规范及标准化管理，了解企业岗位及岗位职责，熟悉企业经营的日常工作内容及管理制度，具备门店运营与管理的基本素质及能力。

五、课程教学目标

本课程总目标是了解美容门店运营的各项目标准及服务，能够按门店工作流程、项目操作流程、服务流程、服务跟进等日常经营与管理标准化、规范化要求，完成岗位工作任务。

（一）认知目标

（1）了解国家对美容行业管理的法律法规。
（2）熟悉国家对公共场所卫生管理、美容项目管理的规范要求。
（3）熟悉美容行业服务规范、经营规范、技术规范要求。
（4）熟悉地方执法部门的管理规定。
（5）了解进口化妆品检验标准。

（二）能力目标

（1）具备美容门店标准化、规范化经营管理的基本能力。
（2）具备美容门店服务流程规范操作、专业沟通的能力。
（3）熟悉门店运营系统管理与维护，及时补充并完善客户档案资料。
（4）能够根据会所客户管理标准，进行客户资料的整理。
（5）能够根据客户需求确定工作目标，撰写工作计划及工作总结。

（三）情感目标

（1）具有良好的职业道德和职业素养，诚信服务。
（2）具有控制日常损耗及产品用量、节约用水和用电、避免浪费的成本控制意识。
（3）具有产品使用、仪器操作、卫生管理等责任安全意识。
（4）尊重客户的隐私，妥善保管客户资料，不泄漏客户信息。

六、参考学时与学分

参考学时：二年制 72 学时，三年制 36 学时。
参考学分：二年制 4 学分，三年制 2 学分。

七、课程结构

店务与运营课程结构及内容分析见表 2 - 2。

表 2－2 店务与运营课程结构及内容分析

<table>
<tr><th>序号</th><th>学习任务
（单元、模块）</th><th colspan="2">对接典型工作任务及职业能力要求</th><th>知识、技能、态度要求</th><th>教学活动设计</th><th>学时
（二年制/三年制）</th></tr>
<tr><td rowspan="3">1</td><td rowspan="3">营业准备与环境维护</td><td rowspan="3">05
10</td><td>营业前准备</td><td>1. 按要求整理仪容仪表（头发按要求梳理）、上班打卡签到（考勤），轮排签到，登记（姓名、班次、工号）。
2. 参与晨会/午会激情带动（舞蹈、口号、企业文化等），预约通报（顾客到店时间、操作者），通报业绩目标（员工业绩目标、消耗目标），通知发布（公示等）。
3. 参与会后会分析顾客（消费习惯、消费类型、消费动机、喜好、健康状况、满意度），模拟演练（解决顾客抗拒点和需求点）</td><td rowspan="3">1. 案例教学：参观营业环境、体验晨会/午会。
2. 岗位培养：整理仪容仪表、氛围营造。
3. 现场教学：营业环境维护、物品整理</td><td rowspan="3">10/6</td></tr>
<tr><td>营业环境维护</td><td>1. 氛围营造（插花、音乐、灯光）。
2. 接待区域环境维护（卫生保持、宣传资料补充等）。
3. 美容产品陈列有序，办公用品摆放整洁。
4. 美容床床品文化展示（毛巾花式折叠、摆放整洁、美观）。
5. 配料间物品摆放符合标准。
6. 用物用品存放符合卫生管理规范</td></tr>
<tr><td>营业结束整理</td><td>1. 整理区域地面卫生，清理丢弃物，还原美容床为待客状态。
2. 物品整理：（1）添加产品，按仪器管理规范做好维护；（2）所用物品归位（产品、仪器）</td></tr>
</table>

续上表

序号	学习任务（单元、模块）	对接典型工作任务及职业能力要求		知识、技能、态度要求	教学活动设计	学时（二年制/三年制）
2	日常经营记录	09	消耗登记	1. 每次服务后登记卡项金额。 2. 每次服务后登记操作消耗的金额。 3. 每次服务后登记购买产品情况	1. 岗位培养：查看、填写各类表格，统计当日业绩。 2. 任务训练：咨询与沟通。 3. 任务总结分享	12/12
			项目明细	1. 每次服务后登记项目名称、护理时间。 2. 登记当次使用产品、顾客喜好、特殊要求。 3. 登记每次护理项目操作者		
			家居护理	1. 了解顾客购买家居产品情况（种类、数量）。 2. 指导家居产品使用方法。 3. 建议家居护理、提醒注意事项		
			业绩统计	1. 统计当日顾客销售卡额和产品数据。 2. 统计每次顾客操作消耗的金额。 3. 统计当日服务顾客人次。 4. 统计当日新客到店人次、成交人次。 5. 统计当日顾客预约、跟进人次。 6. 统计当日达成率等相关数据		

续上表

<table>
<tr><th>序号</th><th>学习任务（单元、模块）</th><th colspan="2">对接典型工作任务及职业能力要求</th><th>知识、技能、态度要求</th><th>教学活动设计</th><th>学时（二年制/三年制）</th></tr>
<tr><td rowspan="3">3</td><td rowspan="3">客户服务流程管理</td><td rowspan="3">02
06</td><td>客户接待</td><td>1. 熟悉标准服务流程各环节接待礼仪。
2. 熟悉各环节沟通话术，服务全流程提供专业咨询与沟通（标准服务全流程：接待—需求分析—客户到店—带客参观—需求了解—美丽方案设定，确认项目—准备房间—配料—介绍美容师—工作交接—领物料—介绍操作流程—护理操作—护理结束—满意度调查—家居保养和注意事项讲解—结账—送客—填写反馈）</td><td rowspan="3">1. 课堂讲授：任务训练内容及考核目标、训练要点。
2. 任务训练：客户接待流程、项目服务流程。
3. 任务考核：接待、服务流程</td><td rowspan="3">20/10</td></tr>
<tr><td>项目流程操作</td><td>1. 熟悉标准服务流程各环节工作规范要求。
2. 按标准服务流程规范操作</td></tr>
<tr><td>填写工作单</td><td>1. 认真填写各类记录：消费（卡项、金额、购买产品）、消耗（每次顾客操作消耗的金额）、项目明细（名称、使用产品、操作者等）、家居产品（种类、数量）。
2. 登记注意事项（顾客喜好等）。
3. 填写顾客皮肤情况、顾客反馈等</td></tr>
</table>

续上表

序号	学习任务（单元、模块）	对接典型工作任务及职业能力要求		知识、技能、态度要求	教学活动设计	学时（二年制/三年制）
4	客户预约与跟进	11 13	顾客预约接待	1. 查看顾客档案（了解顾客到店时间、项目、操作者、购买的产品）。 2. 分析顾客（心理、消费习惯及需求），提前与顾客进行电话确认。 3. 安排项目、款项确认、交接美容师	1. 现场教学：顾客预约、接待注意事项、顾客类型分析。 2. 任务训练：邀约、跟进客户，写工作计划、总结。 3. 业绩考核：客户满意度评价、服务人次、服务质量	10/4
			疗程/产品跟进	1. 定期电话跟进疗程/产品。 2. 短信跟进疗程/产品。 3. 微信邀约，发送活动方案、产品图片等。 4. QQ 活动邀约，发送项目方案、产品图片等		
			效果跟进	1. 电话询问服务满意度、产品效果等。 2. 短信回访服务满意度、产品效果等。 3. 微信回访服务满意度、产品效果等		
5	业绩目标管理	12	制订工作计划	1. 提前确定邀约人次（日、月、季、年）。 2. 提前确定服务人次（日、月、季、年）。 3. 预计目标达成比率（日、月、季、年）。 4. 提出团队配合的人员需求（包括参与时间、内容、人数、配合者）。 5. 安排专业知识（时间、内容等），安排训练项目		8/2
			阶段性业绩总结	1. 业绩总结（顾客销售卡额和产品数据阶段性总结）。 2. 消耗统计分析（日/月/季/年顾客消费金额）。 3. 客流统计分析（日/月/季/年顾客到店人次）。 4. 达成率等相关数据及顾客反馈总结分析		

续上表

<table>
<tr><th>序号</th><th>学习任务（单元、模块）</th><th colspan="2">对接典型工作任务及职业能力要求</th><th>知识、技能、态度要求</th><th>教学活动设计</th><th>学时（二年制/三年制）</th></tr>
<tr><td rowspan="2">6</td><td rowspan="2">人员管理</td><td rowspan="2">01－03</td><td>岗位设置
人员分工</td><td>1. 了解岗位设置及每日工作明细，重点熟悉美容师、技术主管、美容顾问、店长岗位。
2. 熟悉各岗位的岗位职责，重点熟悉美容师、技术主管、美容顾问、店长岗位</td><td rowspan="2">1. 岗位培养。
2. 师带徒。
3. 总结分析</td><td rowspan="2">8/2</td></tr>
<tr><td>工作制度</td><td>1. 仪容仪表制度。
2. 预约制度。
3. 卫生制度。
4. 货品管理制度。
5. 奖惩制度。
6. 学习培训考核晋升制度</td></tr>
<tr><td colspan="6">机动</td><td>4/0</td></tr>
<tr><td colspan="6">合计</td><td>72/36</td></tr>
</table>

注：“对接典型工作任务及职业能力要求”栏目填写的职业能力编码与“附录　（一）医学美容技术专业职业能力分析表”的编码对应，“M”表示编码与“附录　（二）美加美高端美容技术岗位（群）能力分析表”对应。

八、资源开发与利用

（一）教材编写与使用

教材编写应突破传统教材的知识系统性结构，突出职业性、实用性、趣味性，以满足学习需求及阅读兴趣和习惯为原则。选择企业运营的成功案例作为教材编写素材，理论知识以够用为度，教材编写内容以任务训练、案例分享、知识链接、图片展示等形式及多样、内容丰富的体例呈现，增加教材的可读性和趣味性。教材要既能满足学生学习需求，又能符合教师教学要求。

（二）数字化资源开发与利用

网络教学平台通过共享教学课件、微课、视频等教学资源，链接行业企业相关信息平台。学生通过在线学习，学习新知识新技术，学习内容与行业发展相适应。校企共同开发现代学徒制在线交流互动平台，用手机移动端进行在线交流互动、答疑、知识考核评价等。

（三）企业岗位培养资源的开发与利用

既具有实际经营与管理工作经验又具备较强培训带教能力的美容顾问、店长是企业岗位培养的重要资源。美容企业门店良好的运营与管理模式、客户资源充足与可观的经营业绩形成良性循环。门店标准化经营管理体系等作为现场教学、案例教学的宝贵资源，可根据教学需要汇编成案例集，制作成PPT、微课、教学视频等教学资源，在现代学徒制的在线学习平台上发布，最终建成一个丰富的可循环利用的资源库，方便学生随时搜索和查阅，也方便教学资源共享。

九、教学建议

本课程的教学手段主要采用在岗培养、现场教学、案例分享、任务训练等形式，突出学生岗位综合能力和职业素质的培养。任务训练突出实践能力培养，案例分析深入浅出，教学设计以店务日常运营工作过程典型工作任务为主线，教学任务主要由企业导师担任，教学体现“教、学、做一体化”，课程考核评价包括结果考核和过程考核。

十、课程实施条件

教学环境应是功能设施设备齐全，运营管理标准化、专业化、规范化的客户到店及服务人次良好的美容门店，企业导师应熟悉门店运营管理，有丰富的员工入职培训经验，能按人才培养方案要求运用现代化教学工具、教学方式，制作教学课件实施教学。

十一、教学评价

教学评价有导师评价、学生互评与学生自评等各种评价方式，企业导师是教学评价的主体，评价方式有面试、笔试、过程考核及任务考核等。评价内容有过程性评价与终结性评价，过程性评价包括考勤、学习态度、课堂提问、阶段性评价、任务训练完成情况等，终结性评价包括日常工作记录规范、营业环境管理与维护、服务流程运营管理、人员管理等业绩考核。重点关注日常运营的管理绩效考核。

十二、课程内容结构图

店务与运营课程内容结构详见图2-2。

（撰稿人：叶秋玲、陶秀华、陈敏）

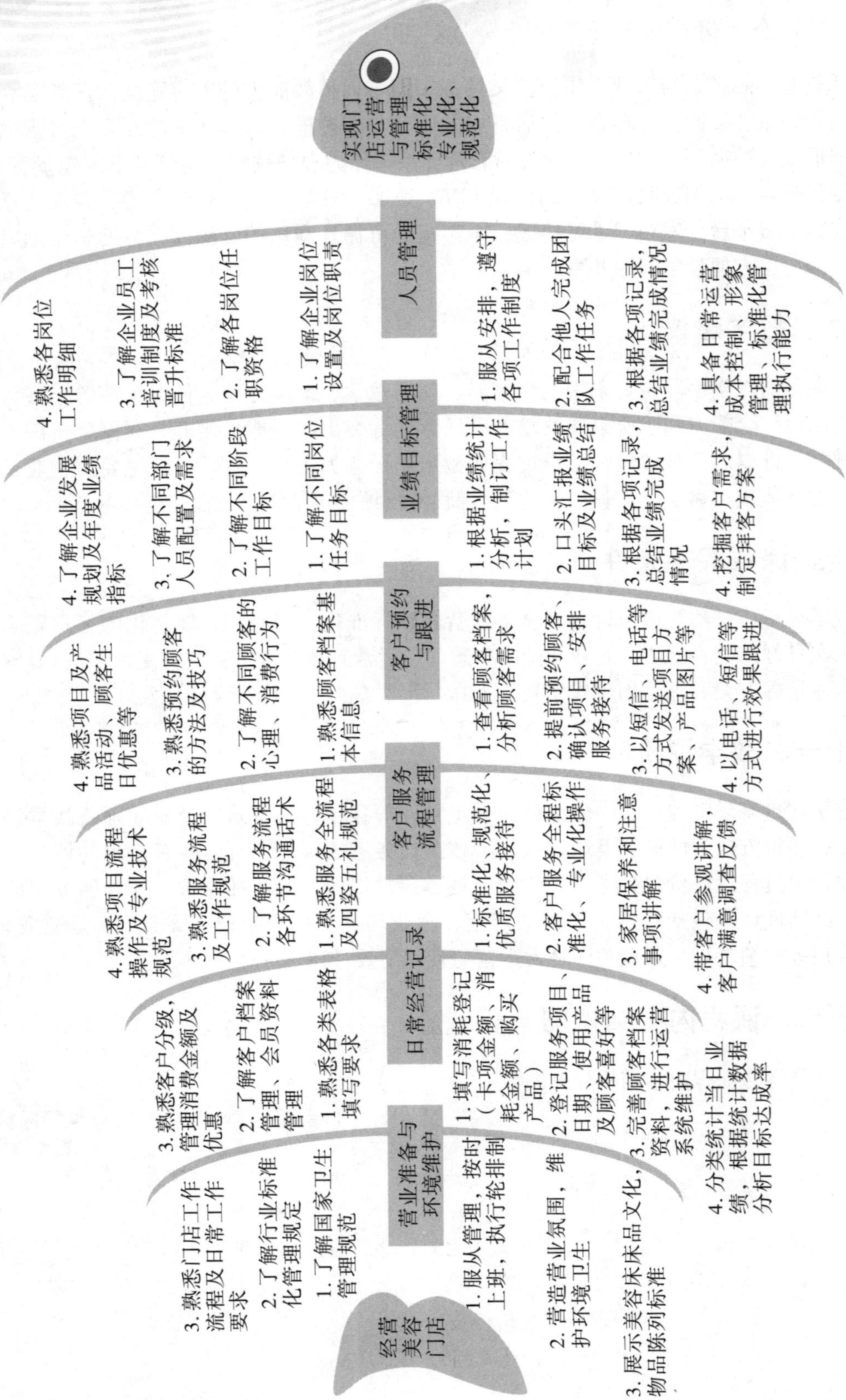

图 2-2 店务与运营课程内容结构图

专业技术技能课程：美容皮肤护理方案制定课程标准

一、课程名称

美容皮肤护理方案制定

二、适用专业及面向岗位

既适用于高职医学美容技术专业，又适用于中职的美容美体、中医美容专业。面向美容顾问、美容师岗位。

三、课程性质

本课程为专业必修课，是一门综合性较强的专业技术技能课程，课程内容与美容顾问、美容师岗位的专业咨询、美容保健指导及技术操作等典型工作任务对应，与此同时，兼顾美容导师、店长及其他相关岗位的专业能力培养（如需求分析、家居保养指导及建议等）。本课程内容以运用皮肤专业知识、美容营养、仪器知识及产品知识解决皮肤美容保健问题、制定护理方案为重点，主要为专业沟通及家居保养等工作任务提供专业理论支撑，解决为什么这么做的问题。

四、课程设计

（一）设计思路

校企共同开发，依据岗位真实工作任务职业能力要求，确定课程目标，以客户服务流程（需求分析、家居保养指导及建议等）工作过程为导向，创设学习情境，以培养学生皮肤分析判断能力、个性化护理方案制定能力为主线；以典型工作任务为载体，依据顾客皮肤分析、美容需求分析、问题皮肤防治、制定个性化皮肤美容保健方案等典型工作任务要求，设计教学内容；以工学结合为主要教学形式，采用多方评价形式考核课程学习效果，即学生 + 导师 + 客户三方共同评价。

（二）内容组织

将完成岗位典型工作任务所需知识及能力与美容师职业资格标准要求相融合，结合岗位职业资格考核重点，组织教学内容。以项目化教学为主要教学形式，教学内容由了解皮肤类型、熟悉项目知识、需求分析与皮肤诊断、个性化护理方案设计、方案沟通及确定 5 个学习任务及若干个典型工作任务组成。

五、课程教学目标

本课程主要学习顾客皮肤及健康分析判断，个性化解决方案设计方法原则、项目及产品搭配等。要求能够正确分析皮肤问题，了解顾客健康状况及美容需求，正确搭配项目，制定个性化解决方案，解释项目功效与疗程。

（一）认知目标

（1）了解皮肤的生理结构及功能、皮肤各层与美容的关系。
（2）了解皮肤的吸收途径及影响皮肤吸收的因素。
（3）掌握常见皮肤类型的特征及保养重点。
（4）掌握常见皮肤问题的成因及护理方法。
（5）熟悉皮肤个性护理方案设计原理、方法。
（6）熟悉皮肤分析方法、原理及诊断依据。

（二）能力目标

（1）能够正确判断顾客皮肤类型并正确推荐产品及项目。
（2）能够为顾客提供专业的皮肤分析、诊断、咨询等服务。
（3）能够根据顾客皮肤类型及美容需求制定个性化美容护理方案。
（4）具有较强的交流沟通能力及语言文字表述能力。
（5）具备皮肤保健知识宣教及指导能力。

（三）情感目标

（1）具有较强的服务意识、安全责任意识。
（2）具有良好的职业形象和职业道德素质。
（3）对顾客礼貌、热情、诚恳、公平。
（4）有敏锐的观察、判断能力，并善于应变，敢于求新。

六、参考学时与学分

参考学时：二年制 72 学时，三年制 72 学时。
参考学分：二年制 4 学分，三年制 4 学分。

七、课程结构

美容皮肤护理方案制定课程结构及内容分析见表 2－3。

表2-3　美容皮肤护理方案制定课程结构内容分析

<table>
<tr><th>序号</th><th>学习任务
(单元、模块)</th><th colspan="2">对接典型工作任务及
职业能力要求</th><th>知识、技能、
态度要求</th><th>教学活动设计</th><th>学时
(二年制/
三年制)</th></tr>
<tr><td rowspan="2">1</td><td rowspan="2">了解皮肤类型</td><td rowspan="2">19-01
19-03</td><td>了解皮肤结构及功能</td><td>1. 表述皮肤的外观，以及健康皮肤的特征、组成成分、pH值。
2. 熟悉皮肤的生理结构及基本功能。
3. 熟悉皮肤的分类及判别方法。
4. 分析判断皮肤类型的方法，概述皮肤的特性及生理功能</td><td rowspan="2">1. 课堂讲解：皮肤知识。
2. 案例教学：皮肤类型。
3. 岗位实践：观察、概述不同类型皮肤特征</td><td rowspan="2">6/6</td></tr>
<tr><td>判断皮肤类型及皮肤问题</td><td>1. 表述问题性皮肤的表现。
2. 分析产生皮肤问题的原因。
3. 表述眼部问题及日常保养。
4. 分析产生黑眼圈的原因，概述其主要特点</td></tr>
<tr><td>2</td><td>熟悉项目知识</td><td>02-02
07-03
09-03</td><td>专业美容护理</td><td>1. 了解项目的品牌文化、产地、原理、成分。
2. 解释项目功效、疗程。
3. 能够正确搭配项目。
4. 概述项目适用人群、注意事项、禁忌。
5. 了解项目及产品售后服务。
6. 了解仪器种类：品牌文化、产地、原理、功效。
7. 概述仪器配件、仪器保养维护要点</td><td>1. 在岗培训：项目功效、疗程、仪器保养维护。
2. 岗位实践：项目适用人群、注意事项、禁忌、顾客需求。
3. 总结分析：专业护理项目要点及护理方法、注意事项</td><td>14/14</td></tr>
</table>

续上表

序号	学习任务（单元、模块）	对接典型工作任务及职业能力要求		知识、技能、态度要求	教学活动设计	学时（二年制/三年制）
			美容家居护理	1. 了解家居项目（口服、外用）品牌文化、产地。 2. 解释家居产品原理、功效、成分。 3. 熟悉家居产品适用人群、注意事项、禁忌、使用方法。 4. 概述仪器适用人群、注意事项、禁忌。 5. 概述仪器售后服务	1. 在岗培训：项目功效、疗程、仪器保养维护。 2. 岗位实践：项目适用人群、注意事项、禁忌、顾客需求。 3. 总结分析：专业护理项目要点及护理方法、注意事项	
3	需求分析与皮肤诊断	14－01 M08	皮肤类型分析，皮肤知识宣教	1. 了解顾客需求，介绍环境、项目、产品等。 2. 观察顾客（类型、消费心理、消费习惯）		6/6
4	个性化护理方案设计	14－02 14－03	引导并确定需求	1. 分析顾客皮肤，准确判断皮肤问题。 2. 通过望、闻、问了解顾客亚健康信息。 3. 根据问题诊断，提出护理/调理建议。 4. 与顾客进行有效沟通，引导需求产生，确定调理目的	1. 课堂教学：专业护理方案设计要素等。 2. 小组讨论：护理目的、护理计划、疗程设计等。 3. 任务训练：制定个性化方案、方案沟通及确定	32/32
			制定护理方案	1. 推介项目及产品（专业护理方案、家居护理方案），解释项目及产品功效。 2. 设计专业护理/调理方案（疗程、产品、项目、仪器及家居护理），铺垫销售。 3. 与顾客进行有效沟通、解释护理/调理方案、确认项目（产品、价格）		

续上表

序号	学习任务（单元、模块）	对接典型工作任务及职业能力要求		知识、技能、态度要求	教学活动设计	学时（二年制/三年制）
5	方案沟通及确定	14	确定设计目的	1．方案制定的依据。 2．疗程设计及效果。 3．专业护理使用		10/10
机动						4/4
合计						72/72

注：“对接典型工作任务及职业能力要求”栏目填写的职业能力编码与“附录 （一）医学美容技术专业职业能力分析表”的编码对应，“M”表示编码与“附录 （二）美加美高端美容技术岗位（群）能力分析表”对应。

八、资源开发与利用

（一）教材编写与使用

（1）教材编写应体现先进性、通用性、实用性原则。教材内容包括本专业的新技术、新产品、有代表性的典型案例，使教材更贴近专业的发展和实际的需要。

（2）突破传统教材知识系统性的框架结构，教材结构充分体现项目导向、任务载体、能力训练、案例导入的设计思想。

（3）内容体现学历教育标准、职业岗位标准及行业标准相融合的原则，参照最新版的职业资格考证培训教程，结合企业岗位职业标准组织教材编写内容。

（4）教材应图文并茂，提高学生学习兴趣，加深学生对皮肤分析的认识理解和能力培养。内容表达必须精炼、准确、科学。方法设计可操作性强。

（二）数字化资源开发与利用

校企共同开发和利用网络教学平台及网络课程资源，充分利用网络专题讲座学习资源、培训 PPT、数字图书馆、教育网站和中国美容知识等网上信息资源，使教学从单一媒体向多媒体转变，使教学活动从信息的单向传递向双向互动转变，使学生从单独学习向合作学习转变。同时应积极创造条件搭建远程教学平台，扩大课程资源的交互空间。

（三）企业岗位培养资源的开发与利用

企业拥有现代化的教学工具、学习案例资料，能满足具有集中培训、在岗培养教学条件的要求（收集整理如企业真实案例、培训 PPT、培训材料、考核标准等教学资源，作为课程教学及案例教学的教学资源）。培训资源和现代化教学资源的开发和利用，以及案例分享有利于激发学生的学习兴趣，促进学生对知识的理解和掌握。同时，建议加强企业课程资源的开发与共享，建立网络课程资源，努力实现双场所教学多媒体资源的共享，以提高课程资源利用效率。

九、教学建议

本课程为校企合作完成课程，学校导师以课堂讲授、案例教学为主要的教学方式，重点培养学生运用皮肤专业知识分析问题皮肤的实践能力，教学内容既要联系岗位实际，又要注意与高级美容师职业资格考证内容结合。企业导师主要以任务训练、岗位培养等方式，重点培养学生制定护理方案的岗位能力，让学生在做中学、学中做。岗位培养注意关注本专业领域的新技术、新产品、新项目的开发与利用。

十、课程实施条件

课程实施需要两个基本条件：一是师资条件。课程实施应突破传统培养方式，由校企共同完成课程教学任务。学校导师应具备扎实的医学理论知识、皮肤美容临床实践经验或美容师职业培训能力的双师素质；企业导师应具有美容顾问或技术培训岗位经验，具备美容护理实践能力。二是实训条件。校内建立本专业开放式仿真实训中心，使之具备现场教学、实训、职业技能证书考证的功能，实现教学与实训合一、教学与培训合一、教学与考证合一，满足学生综合职业能力培养的要求。企业应具备足够的案例资源、教学用具及满足教学的设备条件。

十一、教学评价

由双导师共同评价，采取笔试、面试、过程性评价、任务考核、业绩考核等与目标评价相结合，理论与实践一体化评价等方式。关注评价的多元性，将课堂提问、任务训练、课外实践、项目考核、任务考核作为过程性考核评价内容。笔试以学校导师为评价的主体，任务考核评价以企业导师为评价的主体。课程总体评价应注意学生专业知识指导能力，以及分析问题、解决问题能力，强调理论在实践过程中的应用，对在学习和应用上有创新的学生应予特别鼓励，全面综合评价学生能力。

十二、课程内容结构图

美容皮肤护理方案制定课程内容结构详见图 2－3。

（撰稿人：申泽宇、刘佳美、龚磊）

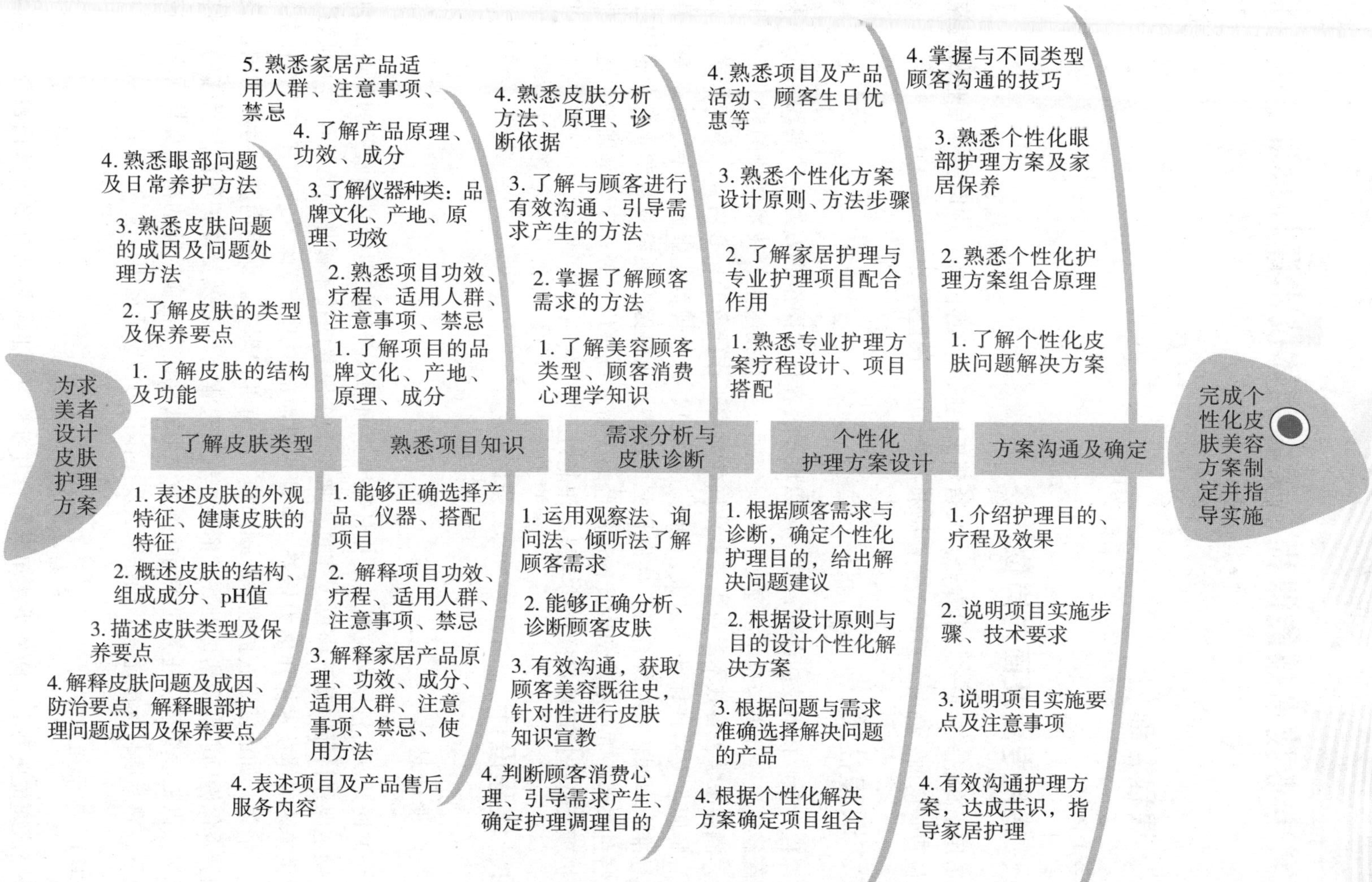

图 2-3 美容皮肤护理方案制定课程内容结构图

专业技术技能课程：美容美体技术课程标准

一、课程名称

美容美体技术

二、适用专业及面向岗位

既适用于高职医学美容技术专业，又适用于中职的美容美体、中医美容专业及美容技术岗位晋升培训。面向美容师、美容技术主管、店长岗位。

三、课程性质

本课程为专业技术技能课程，是一门以培养美容技术操作能力为主的实践课程。课程以中医经络美容知识与技术为基础，与美容师、美容技术主管技术岗位的典型工作任务对接，涵盖医学美容技术专业主要就业岗位典型工作任务的核心内容。本课程融入了国家美容师职业资格证标准（初级、中级、高级）、行业规范化服务标准、企业美容美体技术标准。本课程具有综合性、实践性强的特点，也是医学美容技术专业的专业核心课程及特色课程，重点培养学生具备运用经络美容基础理论、芳香疗法基础知识进行专业面部护理及身体护理项目操作的实践工作能力。

四、课程设计

（一）设计思路

校企共同开发，依据岗位真实工作任务专业面部及身体护理标准化服务的职业能力要求，确定课程目标，基于岗位工作过程典型工作任务的技术操作规范设计学习项目，突出学生美容美体技术操作能力培养。本课程以面部护理、身体护理等真实工作任务，设计学习情景，如面部皮肤护理、肩颈护理、腰背部护理等。课程内容及考核与国家美容师和芳香保健师职业资格标准要求衔接，教学过程与面部及身体护理流程操作的工作过程衔接，以工学交替、任务训练为主要教学形式，让学生在教师的指导及与同学的相互配合下，熟悉项目标准流程、操作手法及操作技巧并灵活运用。

（二）内容组织

将完成岗位典型工作任务所需知识及能力与美容师职业资格标准要求相融合，结合岗位职业资格考核重点，组织教学内容。以项目化教学为主要教学形式，教学内容由手法训练、职业妆、面部美容护理、身体经络护理、芳香疗法 5 个学习任务及若干个典型工作任务组成。

五、课程教学目标

（一）认知目标

（1）了解面部护理常用仪器的使用方法及原理。
（2）了解芳香疗法的功效、精油的基础知识。
（3）熟悉常用穴位的名称定位及取穴方法。
（4）熟悉十二经脉在体表的循行线路及循按方法。
（5）熟悉各类面部及身体护理项目操作流程及规范。
（6）熟悉按摩的原理、注意事项及操作技巧。

（二）能力目标

（1）具备按美容美体标准化、规范化实施专业皮肤面部护理、身体护理的操作能力。
（2）能够根据个体差异进行护理手法、产品、仪器的选择与搭配。
（3）常用穴位定位准确、熟练、方法正确。
（4）能够解释主要操作及产品的作用、护理要点，解答顾客疑问。
（5）具备应用芳香精油基础知识指导专业皮肤护理实践的能力。
（6）能够根据身体不同部位和护理目的选择并调配精油。
（7）能循行体表十二经脉线路查找痛症、解释痛症原因，具备与顾客进行专业沟通的能力。
（8）能正确判断皮肤类型，根据各类型皮肤保养及问题进行家居保养指导。

（三）情感目标

（1）具有安全责任意识。
（2）服务意识强，服务体贴周到、耐心细致，关心顾客的感受。
（3）服务流程规范，不使用过期变质产品，不违规操作。
（4）吃苦耐劳，任劳任怨，不斤斤计较。
（5）不泄漏客户信息、尊重客户的隐私权。

六、参考学时与学分

参考学时：二年制 108 学时，三年制 216 学时。
参考学分：二年制 6 学分，三年制 12 学分。

七、课程结构

美容美体技术课程结构及内容分析见表 2 – 4。

表 2-4　美容美体技术课程结构及内容分析

<table>
<tr><th>序号</th><th>学习任务
（单元、模块）</th><th colspan="2">对接典型工作任务及职业能力要求</th><th>知识、技能、
态度要求</th><th>教学活动设计</th><th>学时
（二年制/
三年制）</th></tr>
<tr><td>1</td><td>手部训练</td><td>03</td><td>手部运动训练</td><td>1. 熟悉手部灵活性、协调性、力度、服帖度训练方法、动作要领、注意事项。
2. 旋腕、轮指动作协调，关节活动灵活。
3. 美容基本手法操作协调、柔软、有力、服帖</td><td rowspan="3">1. 动作表达。
2. 任务训练。
3. 任务考核。
4. 分享：职业妆</td><td>0/22</td></tr>
<tr><td rowspan="2">2</td><td rowspan="2">职业妆</td><td rowspan="2">01-02-03
48-02-01</td><td>淡妆基础知识</td><td>1. 了解化妆原理、意义、概念、职业妆妆面特点及要求。
2. 熟悉正确的化妆步骤。
3. 认识化妆工具，认识脸形、眉形及五官美学标准。
4. 熟习化妆手法及技巧</td><td rowspan="2">12/48</td></tr>
<tr><td>化职业妆</td><td>1. 化淡妆。
2. 妆面自然、色彩柔和。
3. 能根据不同肤质、肤色和脸形进行适当修饰和调整。
4. 整个妆面清新、自然，眼影、腮红、口红搭配协调。
5. 根据脸形修眉、画眉</td></tr>
<tr><td>3</td><td>面部美容护理</td><td>02-06-03
02-06-04
03-02</td><td>面部护理准备</td><td>1. 准备用物（毛巾、产品、工具）、准备房间（适宜的灯光、音乐、温度）。
2. 操作准备（消毒、顾客沐浴、更衣、物品存放等）</td><td>1. 课堂讲授：操作规范、注意事项、项目考核要求。
2. 任务训练：操作手法、操作流程、用力技巧、产品使用、专业沟通。
3. 任务考核：面部皮肤分析、专业面部护理流程操作</td><td>40/60</td></tr>
</table>

续上表

序号	学习任务（单元、模块）	对接典型工作任务及职业能力要求		知识、技能、态度要求	教学活动设计	学时（二年制/三年制）
			面部基础护理	1．简要说明项目效果、操作步骤、使用产品、手法感受。 2．按护理项目（干性皮肤、油性皮肤、敏感性皮肤、眼部……）流程规范及要求实施操作。 3．各环节手法操作规范、动作协调，符合手法要求（柔软、服帖、连贯、持久、均匀）。 4．点穴位手法正确、定位准确、单侧不少于12个，施力采用轻—重—轻节奏、力度适中。 5．各类产品、工具及仪器使用规范、操作熟练。 6．敷膜（面膜取量和加水适量，厚薄均匀、光滑、边缘整齐、周边无污染）。 7．操作中有针对性地进行专业沟通，解答顾客问题。 8．用心服务、关心顾客、注意询问顾客感受、效果对比。 9．操作结束整理工具		
			问题皮肤专业护理	1．观察皮肤特征，触摸皮肤弹性，判断皮肤类型。 2．了解皮肤问题形成原因，进行专业沟通。 3．解释问题的成因，简要说明处理方法、步骤、使用产品及效果。 4．按问题皮肤（干燥缺水、暗疮、粉刺、色斑、毛孔粗大、敏感脆弱、皱纹松弛、黑眼圈、眼袋……）护理疗程实施护理。 5．正确使用针清、刮痧等护理工具。 6．观察、对比护理效果，护理重点及家居护理指导		

续上表

<table>
<tr><th>序号</th><th>学习任务（单元、模块）</th><th colspan="2">对接典型工作任务及职业能力要求</th><th>知识、技能、态度要求</th><th>教学活动设计</th><th>学时（二年制/三年制）</th></tr>
<tr><td rowspan="2">4</td><td rowspan="2">身体经络护理</td><td rowspan="2">03－03</td><td>护理准备</td><td>1. 了解顾客护理目的及解决顾客的需求。
2. 准备用物（毛巾、产品、工具）、准备房间（适宜的灯光、音乐、温度）。
3. 操作准备（引导顾客沐浴、更衣、体位准备，美容师双手消毒）</td><td rowspan="2">1. 案例教学：分析案例、讨论护理重点。
2. 体验式教学：操作手法及操作流程练习、感受手法力度、施力技巧等。
3. 任务考核：护理流程、操作手法、专业沟通</td><td rowspan="2">30/50</td></tr>
<tr><td>肩颈护理流程操作与沟通</td><td>1. 熟悉护理流程及诊断（问诊、望诊、触诊），问诊：疼痛（程度、部位、时间、类型）、诱因（姿势、职业病、生活习惯）、既往史。
2. 简易面诊（面色、黑眼圈）、望肩颈（是否对称、生理弯曲是否正常）、观察颈部皮肤。
3. 触诊：沿体表（肩颈部）经络、穴位、经筋、皮部进行推、按、压拨等手法查痛症（硬块、结节、松紧度）。
4. 解释问题成因，简要说明操作步骤、使用产品、感受。
5. 按操作流程及手法规范要求进行操作，按摩手法熟练，动作、用力方法、速度、技巧符合操作要求。
6. 工具及仪器使用规范、操作步骤及手法熟练。
7. 熟悉常用穴位（肩井、大椎、风府、风池、肩贞、天宗、肩中俞、肩外俞、翳风、肩髎、臑俞）、定位准确、取穴方法正确。
8. 操作中有针对性地进行专业沟通、肩项保健知识宣教。
9. 服务全过程体现人文关怀、注重顾客感受</td></tr>
</table>

续上表

序号	学习任务（单元、模块）	对接典型工作任务及职业能力要求		知识、技能、态度要求	教学活动设计	学时（二年制/三年制）
		03－10 03－11	腰背部护理流程操作与沟通	1. 熟悉腰背护理流程及诊断（问诊、望诊、触诊），问诊：运动习惯、姿势、既往史、生活习惯（久坐、二郎腿）、职业病。 2. 简易面诊、手诊、舌诊：观察脊柱生理弯曲是否正常、皮肤颜色。 3. 触诊：沿体表（脊椎两侧、腰背部）经络、穴位、经筋、皮部进行推、按、压拨等手法查痛症、结节。 4. 熟悉常用穴位定位及取穴方法（华佗夹脊穴、肾俞、涌泉、太溪、大赫、俞府、幽门、石关、肓俞、气穴、大赫、大横）。 5. 按脊椎、腰背部护理手法（动作）和按手法步骤、用力方法、速度、技巧规范操作。 6. 操作中有针对性地进行专业沟通、脊柱保健知识宣教。 7. 服务全过程体现人文关怀、注重顾客感受		

续上表

序号	学习任务（单元、模块）	对接典型工作任务及职业能力要求		知识、技能、态度要求	教学活动设计	学时（二年制/三年制）
		03－05	肠胃保养流程操作与沟通	1. 熟悉肠胃保养常用穴位定位及取穴方法（中脘、下脘、建里、天枢、足三里、丰隆、梁丘、脾俞、胃俞、梁门、归来、幽门、石关、肓俞、气穴、大赫、大横）。 2. 熟悉护理流程及诊断（问诊、望诊、触诊），问诊：二便、饮食、生活习惯、自觉症状、既往史。 3. 望诊：腹部形态（肌肉是否松弛）、简易面诊（眼睑是否水肿、精神状态）、舌诊（是否肥厚、齿痕）。 4. 触诊：腹部触诊手法查痛症、结节、痛点、胀气。 5. 按护理流程、腹部手法（动作）、手法步骤、用力方法、速度、技巧要求规范操作。 6. 操作中有针对性地进行专业沟通、脊柱保健知识宣教，手法按摩感受、效果对比（问）。 7. 操作前简要介绍项目效果、产品、步骤等，解答顾客问题。 8. 操作全过程服务体贴周到，沟通专业		

续上表

序号	学习任务（单元、模块）	对接典型工作任务及职业能力要求		知识、技能、态度要求	教学活动设计	学时（二年制/三年制）
		03－04	胸部护理流程操作与沟通	1. 具备胸部解剖基础知识、熟悉护理流程及诊断（问诊、望诊、触诊），问诊：疼痛（程度、部位、时间、类型）、诱因（姿势、生活习惯、内衣选择和使用、产后）、既往史（手术史）、家族史。 2. 熟悉常用穴位定位及取穴方法（膻中、气户、膺窗、屋翳、库房、天溪、灵墟、神封、乳中、乳根、中府）。 3. 简易望诊分析：腋下皮肤颜色及淋巴、乳头是否凹陷、乳晕颜色、乳房形状形态（外扩、下垂干扁）。 4. 触诊查问题：乳腺触诊手法查痛症、胸部的柔软程度、弹性、结节。 5. 解释问题成因、护理要点及注意事项。 6. 说明操作步骤、使用产品及效果。 7. 按操作流程及手法规范进行操作，按摩手法熟练（柔软），用力方法、速度、技巧符合操作要求。 8. 工具及仪器使用规范，操作步骤及手法熟练。 9. 操作中有针对性地进行专业沟通、乳房保健知识宣教。 10. 操作全过程体现人文关怀、沟通专业		

续上表

<table>
<tr><th>序号</th><th>学习任务（单元、模块）</th><th colspan="2">对接典型工作任务及职业能力要求</th><th>知识、技能、态度要求</th><th>教学活动设计</th><th>学时（二年制/三年制）</th></tr>
<tr><td rowspan="3">5</td><td rowspan="3">芳香疗法</td><td rowspan="3">02－02
02－03
03</td><td>精油概述</td><td>1. 了解芳疗的历史。
2. 概述精油（概念、特性、功效、使用方法）。
3. 了解精油的选购、保存方法、调配原则及方法，精油使用注意事项。
4. 熟悉植物油（基础油）主要成分、主要功效、产品特质。
5. 熟悉常用精油名称、来源、挥发性，在身体方面、心理方面的作用。
6. 根据需要进行精油的调配，了解精油使用注意事项及禁忌</td><td rowspan="3">1. 案例教学：分析案例、讨论护理重点。
2. 体验式教学：操作手法及操作流程练习、感受手法力度、施力技巧等。
3. 任务考核：护理流程、操作手法、专业沟通</td><td rowspan="3">20/30</td></tr>
<tr><td>芳香疗法之面部护理</td><td>1. 准备用物（毛巾、产品、工具）、准备房间（适宜的灯光、音乐、温度）。
2. 操作准备（引导顾客沐浴、更衣、测量、体位准备，美容师双手消毒）。
3. 精油的调配</td></tr>
<tr><td>芳香疗法之身体淋巴排毒护理</td><td>1. 熟悉全身护理操作流程及各部位护理顺序。
2. 手法操作柔软、服帖，力度沉稳均匀，速度缓而不滞。
3. 熟悉诊断方法及应用（问诊、触诊、望诊）。问诊：二便、饮食、生活习惯、自觉症状、既往史；触诊：按任督脉及十二经络体表循按手法、步骤操作，循经络、穴位、经筋、皮部运用推、按、压拨等手法查痛症；望诊：形态、皮肤、肌肉松紧程度。
4. 了解精油基础知识、熟悉精油使用方法。
5. 解释精油的功效、使用注意。
6. 专业、具体地解答顾客提问，保健指导针对性及可操作性强</td></tr>
</table>

续上表

序号	学习任务（单元、模块）	对接典型工作任务及职业能力要求	知识、技能、态度要求	教学活动设计	学时（二年制/三年制）
机动					6/6
合计					108/216

注：“对接典型工作任务及职业能力要求”栏目填写的职业能力编码与“附录 （一）医学美容技术专业职业能力分析表”的编码对应，“M”表示编码与“附录 （二）美加美高端美容技术岗位（群）能力分析表”对应。

八、资源开发与利用

（一）教材编写与使用

（1）教材编写既要满足行业标准要求，又要兼顾国家美容师职业资格考证要求，理论知识以职业资格标准及实际应用为重点，操作内容应符合行业企业美容美体服务项目标准、以规范操作要求为原则。

（2）教材内容应体现先进性、通用性、实用性，将本专业新技术、新产品、技术创新纳入教材，使教材更贴近专业的发展和实际的需要。

（3）教材体例突破传统教材的学科体系框架，以任务训练、案例导入、思维导图、视频等丰富形式来表现。操作视频以二维码形式呈现，方便学生课外训练。

（二）数字化资源开发与利用

校企共同开发和利用网络教学平台及网络课程资源。课堂教学课件、操作培训视频、考核标准、任务训练、微课等教学资源利用现代学徒制在线学习平台，由学校和企业发布可在线学习课程资料，学生采取线上线下学习相结合的方式，更灵活地完成课程的学习任务。导师也可以发布非课程任务的辅导材料（形式包括但不限于视频、PDF、Word等），用于学生碎片化学习阅读，拓展相关知识点。利用现代学徒制在线交流互动平台，学徒和导师之间进行在线交流。

（三）企业岗位培养资源的开发与利用

根据美容行业发展要求，将美容的新技术、新产品、高科技仪器设备的应用，整理为课堂教学、案例教学的资源，作为岗位培养的教学条件。以移动互联、云计算技术、物联网为支撑，建立信息化平台，实现线上线下教育相结合，改善教学条件，使教学内容与行业发展要求相适应。

九、教学建议

校企合作完成课程教学任务。教学形式采用集中授课、在岗培养、任务训练等形式。

学校导师集中讲授项目理论知识，让学生知道操作原理。企业导师以任务训练、在岗培养等形式，进行项目操作技术技能训练及岗位实践，让学生学会操作并符合上岗要求。教学过程突出“做中学、学中做”，校内以课堂教学与课外训练相结合，主要训练基本手法；岗位实践采取工学交替形式，进行专业技术综合能力培养和职业素质培养。

十、课程实施条件

具备专业水平及职业培训能力的双导师、校企实训资源是本课程实施的基本条件。学校提供专业理论及基本技能教学的师资及实训条件，企业提供现场教学、岗位能力培养的师资及实训条件。承担课程教学任务的教师应熟悉岗位工作流程，了解美容专业护理规范及服务流程，能独立完成所有项目流程及操作技能示范。校内专业实训室建设应具备仿真教学、任务训练、职业技能证书考证的相关设备条件，实现教学与实训合一、教学与培训合一、教学与考证合一，满足学生综合职业能力培养的要求。企业有进行本课程全部项目训练的设施设备、场地及足够的学徒岗位，能满足学徒岗位培养条件。

十一、教学评价

采用过程性评价与结果考核评价相结合等多元评价的方式，将课堂提问、任务训练、课外实践、项目考核、任务考核的成绩计入过程考核评价成绩，其中项目操作考核有单项技能考核、综合技能考核。操作技能考核除了考核操作流程、手法外，还考核专业沟通能力、服务意识。结果考核以顾客评价、业绩考核为重点。

教学评价应注意学生专业技术操作能力、技术培训指导能力、解决问题能力的考核，强调操作规范的同时应引导灵活运用技术，对在技术应用上有创新的学生应予特别鼓励，全面综合评价学生能力。

十二、课程内容结构图

美容美体技术课程内容结构详见图 2－4。

（撰稿人：申泽宇、孙晶、黄巧莹）

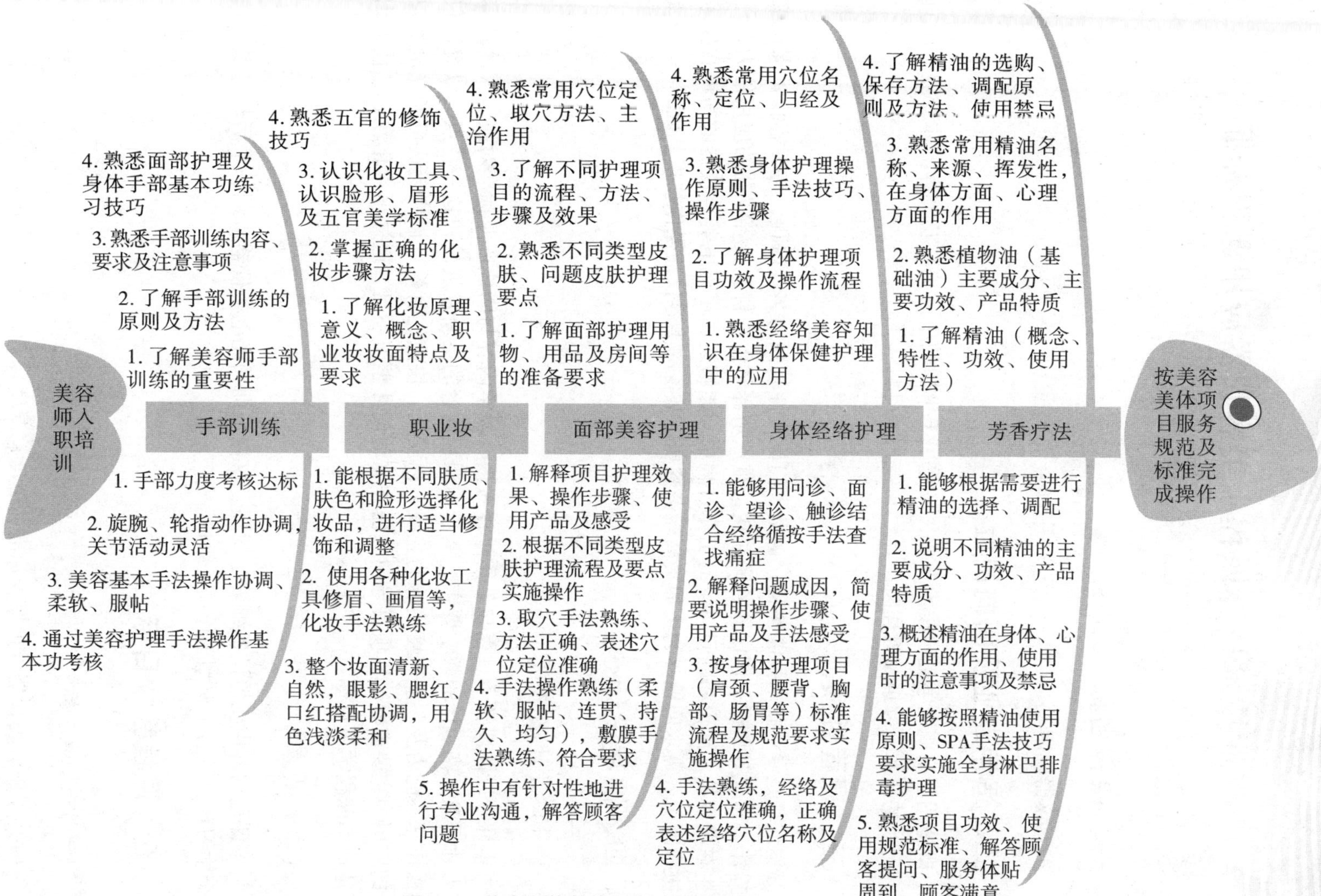

图 2-4　美容美体技术课程内容结构图

专业技术技能课程：美容仪器应用课程标准

一、课程名称

美容仪器应用

二、适用专业及面向岗位

既适用于高职医学美容技术专业，又适用于中职的中医美容及美容美体专业。面向美容行业的技术、营销及管理岗位。

三、课程性质

本课程是专业技术技能课程，也是一门操作性较强的实践课程，与美容技术岗位仪器操作、管理等典型工作任务紧密对接，重点培养学生高科技美容仪器的应用能力，让学生在美容技术岗位和顾问岗位的工作过程中，能够运用声光电美容仪器的知识和技术解决顾客美容需求问题，为美加美高端美容奠定必备的美容仪器操作技术基础。

四、课程设计

（一）设计思路

本课程以体现教学过程与工作过程对接、教学内容与岗位职业标准对接、人才培养与人才需求紧密对接的教学要求，基于本课程内容的更新发展较快这一特点，以突出仪器操作基本能力及职业态度培养为主线，以安全、快速、有效且被广泛认可的光电类仪器的应用为主要内容，以项目导向、任务驱动设计学习项目，通过项目化教学、任务训练达成本课程学习目标。

（二）内容组织

本课程内容由仪器设备维护与管理、仪器培训、光电类仪器应用、术后教育及回访4个学习任务及若干典型工作任务组成。

五、课程教学目标

（一）认知目标

（1）了解各类仪器维护保养标准（温度、湿度）。
（2）了解光电类仪器、调节能量参数、使用登记要求。

(3) 熟悉光电类仪器使用标准流程（方法、步骤）。
(4) 熟悉光电类仪器的作用原理、功效。
(5) 熟悉光电类仪器术后皮肤反应、操作注意及操作禁忌。

(二) 能力目标

(1) 能够按仪器管理标准，定期定时完成设备维护。
(2) 能够规范使用常用光电类仪器。
(3) 能够清晰说明术后注意事项与保护措施。
(4) 能够按照各类仪器回访要求进行常规处理。
(5) 根据不同问题皮肤选择不同功效的仪器。

(三) 情感目标

(1) 具备高度的责任意识和安全意识。
(2) 具有良好沟通能力和解决问题的能力。
(3) 具有良好自主学习能力，能不断学习新知识和新技术。
(4) 具备善于分析问题并提出解决问题的方法的能力。
(5) 有较强的成本控制意识。

六、参考学时与学分

参考学时：二年制 36 学时，三年制 36 学时。
参考学分：二年制 2 学分，三年制 2 学分。

七、课程结构

美容仪器应用课程结构及内容分析见表 2－5。

表 2－5 美容仪器应用课程结构及内容分析

序号	学习任务（单元、模块）	对接典型工作任务及职业能力要求		知识、技能、态度要求	教学活动设计	学时（二年制/三年制）
1	仪器设备维护与管理	18 35	日常维护	1. 管理责任区仪器，避免人为破坏及损坏。 2. 维护责任区仪器（清洁、防尘、防潮）。 3. 根据仪器保养要求，控制室内温度、湿度	1. 现场教学：观察仪器、阅读仪器说明书、观察仪器维护环境。 2. 任务训练：仪器使用登记、保养。 3. 任务考核：理论、操作	4/4

续上表

<table>
<tr><th>序号</th><th>学习任务（单元、模块）</th><th colspan="2">对接典型工作任务及职业能力要求</th><th>知识、技能、态度要求</th><th>教学活动设计</th><th>学时（二年制/三年制）</th></tr>
<tr><td></td><td></td><td></td><td>使用管理</td><td>1. 根据仪器使用要求，做好治疗前后登记。
2. 按照仪器使用要求，消毒仪器、登记使用耗材。
3. 检查仪器使用情况登记。
4. 检查仪器使用前、使用后归位调试、归位情况。
5. 制定仪器维修标准、保养标准、消毒标准。
6. 按仪器管理标准，定期定时完成设备维护</td><td></td><td></td></tr>
<tr><td rowspan="2">2</td><td rowspan="2">仪器培训</td><td rowspan="2">02－04
07－02
M10－01</td><td>介绍仪器知识</td><td>1. 了解美容仪的种类、应用范围。
2. 概述光电类美容仪器的特点、优势。
3. 概述美容仪器作用原理、功效、适合人群、禁忌范围</td><td rowspan="2">1. 案例教学：仪器应用、效果对比。
2. 任务训练：仪器使用说明，操作方法、操作步骤说明。
3. 任务考核：仪器使用规范</td><td rowspan="2">8/8</td></tr>
<tr><td>培训仪器技术</td><td>1. 熟悉常用声光电美容仪操作流程、方法、步骤。
2. 讲解各类声光电美容仪器操作规范时口齿清晰。
3. 操作方法及表述专业、有条理。
4. 语气肯定、表达流畅、表情亲切。
5. 善于通过沟通捕捉顾客需求，进行深度分析。
6. 根据捕捉信息，分享同类成功案例</td></tr>
</table>

续上表

<table>
<tr><th>序号</th><th>学习任务
（单元、模块）</th><th colspan="2">对接典型工作任务及职业能力要求</th><th>知识、技能、
态度要求</th><th>教学活动设计</th><th>学时
（二年制/
三年制）</th></tr>
<tr><td rowspan="2">3</td><td rowspan="2">光电类仪器应用</td><td rowspan="2">M10－02
32</td><td>光电类仪器操作（美容版）</td><td>1. 询问美容需求、分析皮肤问题，并与顾客沟通。
2. 说明仪器的产地、原理、获得的认证等。
3. 仪器操作流程规范、手法熟练，在操作过程中边操作边解说。
4. 仪器用后整理、归位、对比护理前后效果。
5. 告知顾客护理后注意事项并进行家居保养指导</td><td rowspan="3">1. 在岗位培养：各类皮肤问题分析、各类仪器应用、术后护理指导。
2. 师带学徒：术后教育、回访、指导注意、解释异常情况反应及指导处理、异常情况处理。
3. 出师考核：独立完成操作、术后教育、术后回访</td><td rowspan="2">14/14</td></tr>
<tr><td>光电类仪器操作（医疗版）</td><td>1. 能够分析皮肤问题、判断病征类型（色斑、痤疮、疤痕、红血丝等）。
2. 能够根据不同皮肤病征选择仪器、调节能量参数，并进行使用登记。
3. 熟悉仪器操作前后皮肤护理要点并进行护理、备皮（脱毛部位）。
4. 健康状况分析、量围度、称体重。
5. 按仪器操作方法、步骤规范操作。
6. 仪器用后整理、归位</td></tr>
<tr><td>4</td><td>术后教育及回访</td><td>33
34</td><td>术后教育</td><td>1. 询问术后感受、提醒术后注意事项。
2. 口头指导注意事项与保护措施（补水、防晒、冰敷），解释可能出现的异常情况、术后一周皮肤变化情况，提醒下次治疗时间。
3. 注意事项册书面指导：详细说明术后注意事项、护理要点，详细解释治疗部位正常反应，详细说明异常情况的反应及处理方法</td><td>8/8</td></tr>
</table>

续上表

序号	学习任务（单元、模块）	对接典型工作任务及职业能力要求		知识、技能、态度要求	教学活动设计	学时（二年制/三年制）
			术后回访	1. 电话回访（5天），处理问题。 2. 微信跟进过敏、术后反应较重的情况（水泡、色沉、色脱等）。 3. 术后一周内每日跟进大项目（紧肤）的术后反应、变化（肿胀、红肿、刺痛等）。 4. 处理特殊情况，指导冰敷、使用补水面膜、湿敷、使用口服药物、带见上级做相关治疗处理		
机动						2/2
合计						36/36

注："对接典型工作任务及职业能力要求"栏目填写的职业能力编码与"附录 （一）医学美容技术专业职业能力分析表"的编码对应，"M"表示编码与"附录 （二）美加美高端美容技术岗位（群）能力分析表"对应。

八、资源开发与利用

（一）教材编写与使用

（1）教材编写以体现实用性、普适性、科学性为原则，校企共同编写既能满足学生学习需求又符合教学要求的教材。

（2）教材内容突出"技术核心、能力本位"的职业教育思想，遵循学生认知规律，以仪器维护管理、最新光电类美容仪器基本操作规范及流程为基础，按工作项目和任务构建教材体系。

（3）尽量以图片、操作视频展示仪器操作过程，体现项目课程特征，适合学生通过工学交替、在线学习、自主学习等形式进行学习。

（二）数字化资源开发与利用

校企共同开发利用教学课件、微课、视频等教学资源，让学生可利用校企共同开发的学习软件和手机移动端进行在线学习、答疑、知识考核评价等。

（三）企业岗位培养资源的开发与利用

企业拥有先进的仪器设备和产品，为本课程教学提供优良的教学资源，可进行现场教学、任务培训，可根据教学需要录制教学视频、编写教学讲义、制作微课等，也可满足技能比赛训练条件。

九、教学建议

本课程教学为校企共同完成课程，企业导师发挥主体作用，主要采用案例教学、现场教学、任务训练、岗位实践等形式，重点培养学生仪器操作及日常维护与管理的能力。学校导师以集中教学形式讲授仪器的分类、作用原理、适应人群等基本知识，教学内容紧密联系美容行业发展要求，注重责任安全职业素养的培养。

十、课程实施条件

导师团队应具备医学教育背景，有美容行业一线仪器操作相关工作经验，熟悉本课程教学内容。仪器设备先进，设施齐全，可满足学徒操作项目训练要求。

十一、教学评价

学业评价采用多元评价方式，评价标准和内容体现项目课程的特征，重视学习过程性评价，突出职业能力评价，以能否独立、规范完成仪器操作为标准，同时要突出对职业素养的评价。评价内容包括学徒的责任意识、安全意识、专业知识掌握情况、专业技术能力和职业态度。可采用学生互评和自评、双导师评价、客户评价等多方共同评价的方式。

评价采用操作考核、任务完成情况考核、面试、笔试、客户满意度调查、绩效考核等各种方式，各部分考核所占比重由双导师共同确定。

十二、课程内容结构图

美容仪器应用课程内容结构详见图 2 –5。

（撰稿人：吴琼、叶秋玲、宋飞）

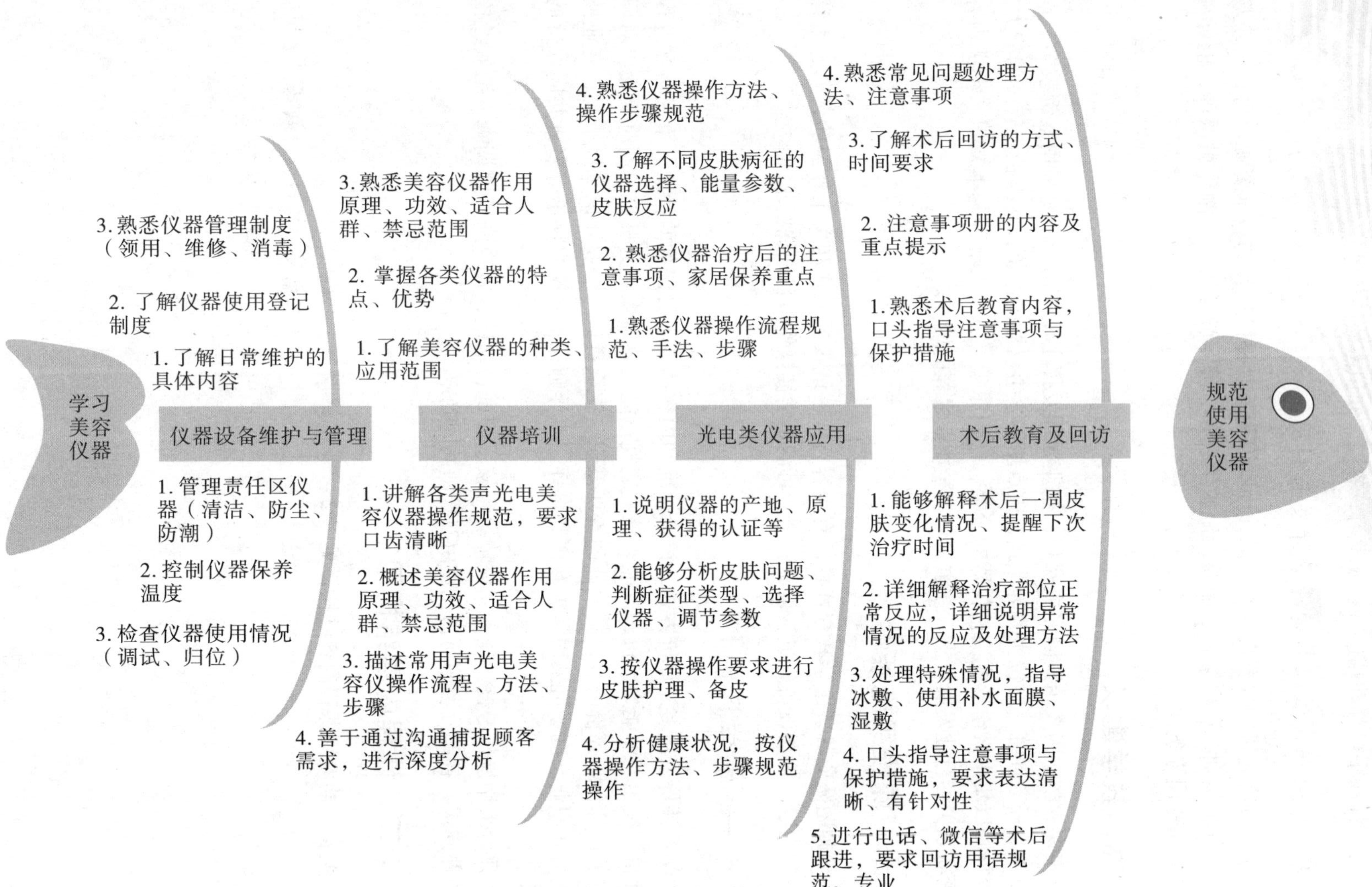

图 2–5 美容仪器应用课程内容结构图

专业技术技能课程：客情管理课程标准

一、课程名称

客情管理

二、适用专业及面向岗位

既适用于高职医学美容技术专业，又适用于中职的美容美体、中医康复保健专业及岗位能力晋升项目培训。面向美容行业一线的技术操作及销售岗位。

三、课程性质

本课程是专业必修课，是以店务与运营、美容仪器应用、美容美体技术等课程为基础的专业技术技能课程。课程内容与美容技术操作及销售岗位的客情维护、服务跟进等典型工作任务对接，以岗位培养为主要的学习形式，让学生具备运用专业知识、专业技术、服务礼仪、人际沟通等知识和技能服务顾客，并与顾客建立良好的客情关系、持续保持顾客满意度的方法和基本能力。

四、课程设计

（一）设计思路

本课程以客情维护为主线，突出学生优质服务能力及专业沟通能力培养，依据完成典型工作任务应具备的工作态度及基本能力设计学习项目。通过项目（任务）的学习，学生懂得真正的客情不是散漫的、无规章的，而是在专业的、尊重顾客的基础上，依赖专业知识、专业技巧及专业态度来维持。

（二）内容组织

以企业岗位实际工作任务要求，并结合学生认识规律来组织教学内容。课程内容由了解顾客、感情管理、精细化管理、服务后管理、后续服务管理5个学习任务及若干个典型工作任务组成。每一学习任务与岗位真实工作任务对接，以客情需求、客情互动及细心周到的服务贯穿整个学习过程。

五、课程教学目标

（一）认知目标

（1）了解客情维护对企业经营的重要性。
（2）熟悉顾客档案的各种记录的内容及要点。
（3）熟悉术后跟进的时间、内容及方式。
（4）熟悉顾客分类管理的方法。
（5）了解后续服务及意义。

（二）能力目标

（1）具备运用感情管理、精细化管理方法进行客情维护的能力。
（2）具备处理顾客投诉及异常反应的基本能力。
（3）能够分析不同类别顾客需求，做好服务跟进。
（4）具备以个人专业技能和魅力建立顾客信任的能力。
（5）具备建立、整理顾客档案，实行分类管理的能力。

（三）情感目标

（1）具有良好的服务意识、责任意识。
（2）具备良好的人际沟通交流和团队合作能力。
（3）具备信息收集处理及分析的能力。
（4）具有良好的信息观念，能敏锐地捕捉客户信息。
（5）能运用各种媒体（微信、短信、QQ）收集和处理各类信息。

六、参考学时与学分

参考学时：二年制 54 学时，三年制 54 学时。
参考学分：二年制 3 学分，三年制 3 学分。

七、课程结构

客情管理课程结构及内容分析见表 2 -6。

表2-6　客情管理课程结构及内容分析

序号	学习任务（单元、模块）	对接典型工作任务及职业能力要求		知识、技能、态度要求	教学活动设计	学时（二年制/三年制）
1	了解顾客	13-01 43-01	了解顾客信息	1. 了解顾客基本信息（姓名、出生日期、住址等）。 2. 了解顾客的个性特点（内向、外向）、明显特点及敏感点。 3. 了解顾客的护理周期。 4. 了解顾客的生理特点（面部、体型等）。 5. 了解顾客的饮食习惯、时事变动信息	1. 案例导入：顾客信息采集、档案整理。 2. 分析总结：顾客类型、需求分析	10/10
			了解顾客需求	1. 查看顾客档案（了解顾客到店时间、项目、操作者、购买的产品）。 2. 确认顾客预约定位。 3. 护理卡登记、整理、入档		
2	感情管理	11-01 16-03 43-02	客情互动	1. 不定期沟通，保持日常联系。 2. 定期沟通：节假日慰问；特殊日子如生日、结婚纪念日等给予祝福与关心；情绪不好、孤独或者有悲伤的事发生的日子，要及时给予关怀和帮助。 3. 经常组织有共同爱好的顾客开展小型社交沙龙	1. 情景教学：活动邀约对话、重要日子关怀与祝福、分组讨论。 2. 案例教学：促销活动、项目方案设计、附加服务。 3. 任务训练：档案记录、消耗明细、项目明细	12/12
			附加服务	1. 促销活动和节日优惠活动邀约、提醒。 2. 发送活动方案、项目方案、产品图片等。 3. 提供招待服务：准备免费食物饮料、照顾好到店的顾客。 4. 提供保管服务：照料顾客的物品		

续上表

序号	学习任务（单元、模块）	对接典型工作任务及职业能力要求		知识、技能、态度要求	教学活动设计	学时（二年制/三年制）
3	精细化管理	09 36－01 36－02	建立顾客档案	1. 建立健全顾客资料档案。 2. 建立顾客消费记录表格。 3. 建立顾客消费趋势分析表。 4. 提出顾客月、季、年度皮肤问题整体解决方案	1. 情景教学：活动邀约对话、重要日子关怀与祝福、分组讨论。 2. 案例教学：促销活动、项目方案设计、附加服务。 3. 任务训练：档案记录、消耗明细、项目明细	14/14
			整理顾客档案资料	1. 将顾客档案分为关键顾客、普通顾客、潜在顾客三个类别。 2. 分析不同类别顾客的潜在需求。 3. 整理会员资料（消耗明细、项目明细、家居护理）		
4	服务后管理	36－02 43－02	术后跟进	1. 电话、短信、微信回访：治疗情况、提醒注意事项（保养/禁忌/饮食等）、提醒复诊。 2. 预约安排：提醒复诊时间，做好预约安排。 3. 解答顾客疑问（效果、时间、异常反应等）。 4. 及时反馈顾客异常情况并协助处理。 5. 治疗效果反馈：了解治疗次数，如实汇报治疗后变化情况、客户自我评价，对比照片、评价效果	1. 岗位培养：电话、短信、微信回访。 2. 案例教学：分析异常情况、讨论处理方法、投诉处理。 3. 任务训练：客服沟通、效果评价与反馈	10/10
		11－02 16	售后跟进	1. 电话及时沟通：效果引导、肯定、提醒（休息、饮食、运动、家居等配合）、约位。 2. 投诉处理：效果类、出现异常反应、退卡、退款。 3. 满意度调查（面对面沟通、调查问卷）。 4. 定期电话询问、短信回访、微信回访服务满意度、产品效果等		

续上表

序号	学习任务（单元、模块）	对接典型工作任务及职业能力要求		知识、技能、态度要求	教学活动设计	学时（二年制/三年制）
5	后续服务管理	37	客户二次开发	1. 关心顾客、关注效果、主动获取联系方式、交流治疗情况，建立顾客信任。 2. 观察顾客需求，给予专业指导及沟通，寻求顾客需求。 3. 介绍、推介适合项目，评估预期效果，展示案例，铺垫销售	1. 问题导入：顾客需求、项目效果、项目应用。 2. 总结分析：顾客满意度、客情维系方法	8/8
			客情维护	1. 持续维持顾客的满意度。 2. 持续给予顾客情感上的关怀和满足，与顾客建立良好的人际关系。 3. 常规性周期型客情维护。 4. 重大节假日客情维护。 5. 重大营销事件发生时期客情维护		
合计						54/54

注：“对接典型工作任务及职业能力要求”栏目填写的职业能力编码与“附录　（一）医学美容技术专业职业能力分析表”的编码对应，“M”表示编码与“附录　（二）美加美高端美容技术岗位（群）能力分析表”对应。

八、资源开发与利用

（一）教材编写与使用

教材编写突破传统教材编写体例，采用问题导入、案例分享、任务训练、任务考核、知识链接、图片展示、表格等形式多样、内容丰富的体例，增加教材的可读性和趣味性。教材内容收集企业典型顾客资料，既能满足学生学习需求又与实际工作任务要求对接，可作为学生重要的工具书使用。

（二）数字化资源开发与利用

网络教学平台共享教学课件、微课、视频等教学资源，链接行业企业相关信息平台，通过在线互动、交流学习、案例分享，学习内容与行业发展相适应。利用校企共同开发的学习软件和手机移动端进行在线交流互动、答疑、知识考核评价等。

（三）企业岗位培养资源的开发与利用

美容企业门店的顾客档案资料及建立流程、服务跟进、顾客预约等客服制度，企业前台工作环境，客户管理系统等资源均可作为任务训练、案例教学、任务考核的宝贵资源，可根据教学需要录制教学视频、编写教学讲义、制作微课，用于在线学习交流平台。

九、教学建议

本课程教学的手段主要采用现场案例教学、现场任务培训、任务训练、分组讨论、岗位实践等形式，突出学生优质服务态度及顾客满意服务的能力培养。任务训练尽可能采用真实案例，突出实用原则，案例分析深入浅出，教学设计围绕培养学生关心顾客、尊重顾客的职业态度及服务能力。教学任务主要由企业导师担任，以教、学、做为主要学习形式，课程考核评价包括结果考核和过程考核。

十、课程实施条件

实施课程的企业应为具有功能设施设备齐全，客户服务全流程标准化、专业化、规范化的美容门店。企业导师应熟悉顾客管理系统和服务跟进的方式方法，有丰富的客情维系实践经验及员工培训经验，能将客户信息、档案资料、工作案例、活动方案等内容转化为教学案例，会制作教学课件等教学资源。

十一、教学评价

教学评价由企业、客户、学生、导师共同评价，评价方式有任务考核、业绩考核、面试、笔试等。评价过程采用过程性评价加结果评价，各部分评价成绩的权重由双导师决定。过程性评价应结合出勤、课堂提问、方案设计、客服沟通方法等内容，主要考核学生在完成学习任务过程中的学习态度、专业知识与技能学习情况及团队协作精神、交流沟通与解决问题能力等综合素质的养成。结果评价重点考核学生专业知识应用能力及服务能力与水平，包括顾客满意度评价、有效沟通的能力、服务人次及服务技术水平。

十二、课程内容结构图

客情管理课程内容结构详见图 2－6。

（撰稿人：龚磊、谢碧霞、陈敏）

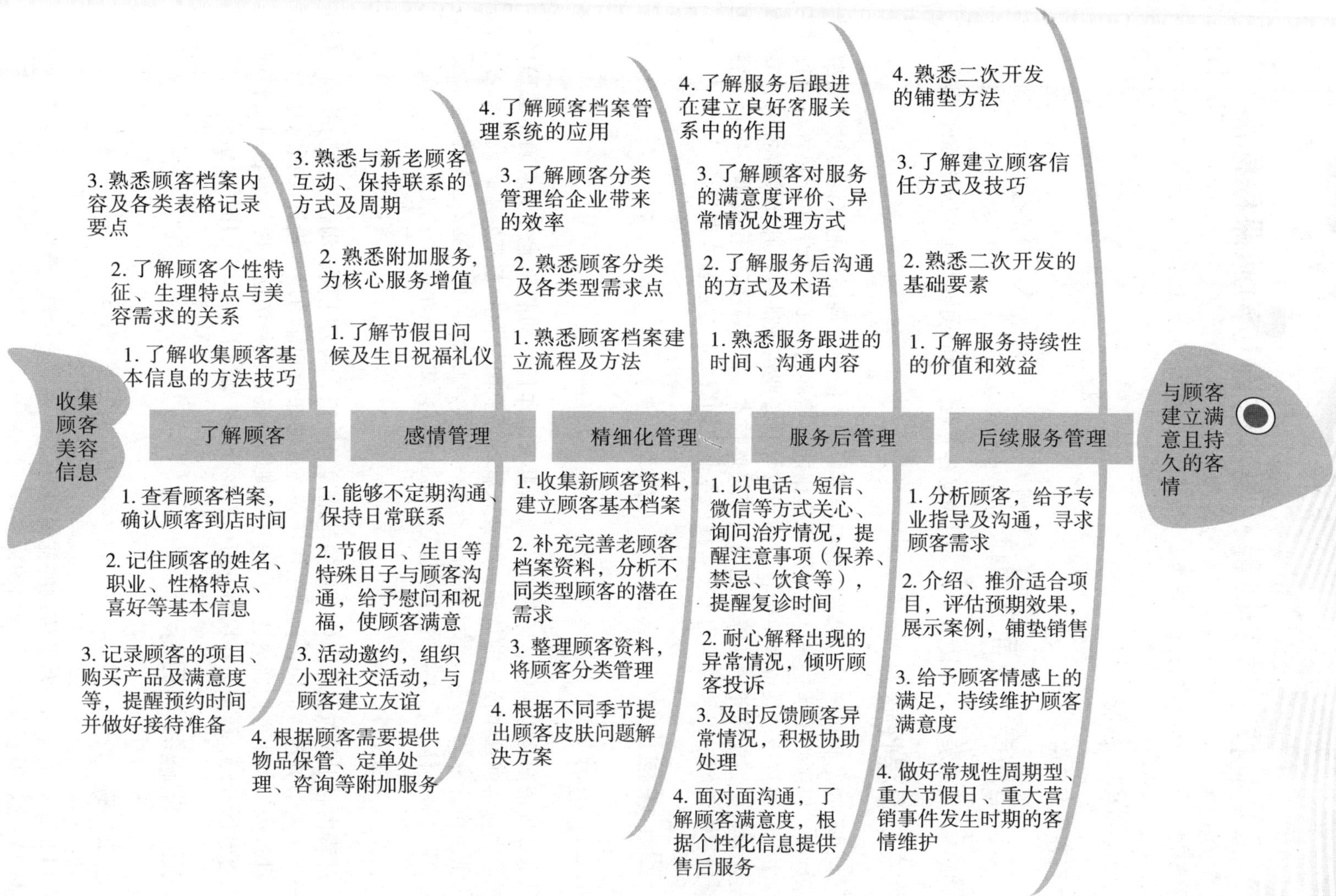

图 2-6　客情管理课程内容结构图

专业技术技能课程：美容咨询与沟通课程标准

一、课程名称

美容咨询与沟通

二、适用专业及面向岗位

适用于高职医学美容技术专业、中医美容专业。面向美容顾问、医学咨询师岗位。

三、课程性质

本课程为专业必修课，课程内容与美容顾问、医学咨询岗位的咨询与设计典型工作任务对接。以医学美学、美容医学知识应用能力培养为核心，使学生能熟练运用各种沟通方法及沟通技巧，具备医学美容咨询与设计及专业沟通能力，胜任美容咨询、美容方案设计等典型工作任务，是综合运用美容美体技术、医疗美容治疗技术、物理美容、美容营销等方面的知识和技术为求美者提供专业咨询服务的专业核心课程。

四、课程设计

（一）设计思路

本课程依据美容顾问、医院咨询岗位真实工作任务的职业能力要求确定课程目标。遵循学生对咨询工作任务的认知，结合入职培训及岗位晋升考核要求，设计学习项目，以典型工作任务为载体，围绕咨询服务这一主线，创设学习情境，设计教学活动，以“教、学、做一体”为主要的教学模式，采用多方评价考核课程教学效果。

（二）内容组织

课程内容组织以服务岗位必备的基础沟通知识、沟通礼仪、沟通能力为基础，以美容顾问、医学美容咨询岗位典型工作任务必需的知识和能力培养设计课程内容及学习任务。课程内容由服务沟通概述、沟通基础训练、服务流程沟通、医学美容网络咨询、医学美容电话咨询、医学美容现场咨询 6 个学习任务及若干个典型工作任务组成。

五、课程教学目标

（一）认知目标

（1）了解美容服务接待咨询的礼仪规范。
（2）熟悉美容服务流程使用的标准话术。
（3）熟悉医学美容网络咨询、电话咨询的沟通内容及要求。

（4）熟悉现场咨询标准流程及沟通技巧。

（二）能力目标

（1）具备使用服务接待标准用语沟通的能力。
（2）具备医学美容网络咨询、电话咨询、现场咨询的基本能力。
（3）能够运用交流沟通技巧消除顾客疑虑。

（三）情感目标

（1）具有严谨耐心的工作态度，爱岗敬业、诚实守信的职业道德。
（2）善于运用倾听和询问技巧有效获取信息，理解他人的想法和意图。
（3）善于口头表达，向他人传达信息，获取对方信任和理解。

六、参考学时与学分

参考学时：二年制 36 学时，三年制 54 学时。
参考学分：二年制 2 学分，三年制 3 学分。

七、课程结构

美容咨询与沟通课程结构及内容分析见表 2－7。

表 2－7　美容咨询与沟通课程结构及内容分析

序号	学习任务（单元、模块）	对接典型工作任务及职业能力要求		知识、技能、态度要求	教学活动设计	学时（二年制/三年制）
1	服务沟通概述	02－06	倾听	1. 了解倾听的意义及技巧。 2. 了解干扰倾听的因素（障碍）。 3. 了解倾听类型、原则，以及有效倾听的层次与技巧	1. 课堂教学：讲解沟通技巧、沟通方式。 2. 任务训练：交谈倾听。 3. 任务总结：点评	0/6
			交谈技巧	1. 了解怎样进行面对面沟通（特点、分类、目的、过程及原则）。 2. 概述打电话、接听电话时的注意事项。 3. 概述沟通中的赞美作用、方式、艺术及技巧		
			非语言沟通信息传递	1. 概述面部表情传递的信息。 2. 概述眼神在面对面沟通中的重要功能。 3. 概述身体动作（手势、体姿）、声音传达的各种信息		

续上表

<table>
<tr><th>序号</th><th>学习任务（单元、模块）</th><th colspan="2">对接典型工作任务及职业能力要求</th><th>知识、技能、态度要求</th><th>教学活动设计</th><th>学时（二年制/三年制）</th></tr>
<tr><td rowspan="3">2</td><td rowspan="3">沟通基础训练</td><td rowspan="3">01－02</td><td>微笑练习</td><td>1. 标准微笑服务：三笑（眼笑、嘴笑、心笑），三结合（微笑与眼睛、语言、身体相结合）。
2. 微笑的魅力</td><td rowspan="5">1. 动作表达：三笑。
2. 案例导入：说话的艺术、赞美、倾听。
3. 任务展示：小组展示、互相点评</td><td rowspan="3">0/12</td></tr>
<tr><td>面对面沟通</td><td>1. 说话的艺术（语速、语气、语调、声音）。
2. 赞美的艺术（真诚）。
3. 倾听的艺术（有效沟通、用心倾听）。
4. 得体的称谓、文明的用语、明确的语意、自信肯定的语气。
5. 习惯十字文明礼貌用语。
6. 学会沟通（礼貌、赞美、认同、重复）</td></tr>
<tr><td>电话沟通</td><td>1. 接电话的礼仪和技巧。
2. 接听电话标准用语（咨询、预约、投诉）</td></tr>
<tr><td rowspan="2">3</td><td rowspan="2">服务流程沟通</td><td rowspan="2">02－06
07－03</td><td>话术强化训练</td><td>1. 模拟练习接待话术。
2. 模拟练习服务流程话术。
3. 模拟练习专业沟通话术</td><td rowspan="2">4/4</td></tr>
<tr><td>使用标准话术</td><td>1. 使用接待话术。
2. 使用预约话术。
3. 使用操作话术（步骤说明）。
4. 使用专业话术（专业沟通）。
5. 使用销售话术。
6. 使用售后跟进话术</td></tr>
</table>

续上表

序号	学习任务（单元、模块）	对接典型工作任务及职业能力要求		知识、技能、态度要求	教学活动设计	学时（二年制/三年制）
4	医学美容网络咨询	45	在线咨询对话	1. 打开系统，接诊顾客，在线咨询，打字速度达到每分钟60个字以上。 2. 基本问诊（了解顾客需求项目的现状与认识）。 3. 了解顾客对项目的需求（期望值）。 4. 告诉顾客该项目的手术（治疗）方法。 5. 对术后（治疗后）效果的描述。 6. 打消顾客的顾虑（价格、效果、安全、技术）。 7. 推荐专家、介绍医院（资质、规模、实力）。 8. 活动的告知（优惠、促销）。 9. 获取邀约电话，对顾客进行预约。 10. 告知顾客医院的地址及路线、预约号。 11. 确定来院时间	1. 在岗培养：网络对话、活动告知、邀约等。 2. 问题导入：留言回复、询问等。 3. 总结分析：服务人次、分类统计、咨询、回访情况	8/8
			后台留言回复与回访	1. 回复网站后台客户的留言和预约。 2. 回复商务通客户的留言和预约。 3. 根据留言要求，及时联络顾客。 4. 跟进顾客（根据意向设置回访时间）		
			建档、业绩统计	1. 顾客基本信息录入。 2. 预约单完善：美容项目、预约时间。 3. 统计网络咨询对话总人数。 4. 统计有效咨询对话人数。 5. 统计网络咨询师邀约上门率。 6. 上报预约名单		

续上表

序号	学习任务（单元、模块）	对接典型工作任务及职业能力要求		知识、技能、态度要求	教学活动设计	学时（二年制/三年制）
5	医学美容电话咨询	46	电话咨询对话	1. 开场白、倾听、引导（了解顾客需求）。 2. 介绍项目，针对顾客反馈信息再做解答（注重情感沟通）。 3. 建立顾客信任。 4. 邀约来院时间，加微信，联系顾客。 5. 确定下次回访时间	1. 任务训练：电话对话、活动告知、邀约等。 2. 情景教学：预约、沟通等。 3. 岗位培养：咨询、回访情况	10/10
			预约回访	1. 电话回访预约后没有来院的顾客。 2. 电话咨询未预约的顾客，记录未预约原因。 3. 寻找潜在客户		
			信息收集	1. 收集电话咨询项目分类数据。 2. 了解信息来源。 3. 了解客户来源区		
			业绩跟进	1. 关注电话咨询项目。 2. 统计电话咨询量。 3. 统计电话预约量。 4. 统计留电（手机号码）数量。 5. 当天的有效总通话数		

续上表

<table>
<tr><th>序号</th><th>学习任务
(单元、模块)</th><th colspan="2">对接典型工作任务及
职业能力要求</th><th>知识、技能、
态度要求</th><th>教学活动设计</th><th>学时
(二年制/
三年制)</th></tr>
<tr><td rowspan="4">6</td><td rowspan="4">医学美容
现场咨询</td><td rowspan="4">47</td><td>客户接待</td><td>1. 按标准流程、服务礼仪规范要求，热情、诚恳接待每一个现场咨询顾客。
2. 了解顾客需求，了解顾客对项目现状的要求（期望值）。
3. 在最短时间内提供良好的健康美容咨询和建议。
4. 消除客户的疑虑，有效解答客户的问题</td><td rowspan="4">1. 任务训练：对话、活动告知、邀约等。
2. 情景教学：了解需求、介绍项目。
3. 岗位培养：接待、解答、建议、指导</td><td rowspan="4">14/14</td></tr>
<tr><td>项目推介</td><td>1. 开发客户，了解顾客需求、禁忌症、适应证，挖掘潜在客户，完善服务方式。
2. 执行促销计划，达成个人销售目标。
3. 美学沟通与评估，用专业的知识、良好的沟通技巧向客户推介医院服务项目。
4. 根据顾客的不同类型和需要，配合专家制定合理的治疗方案。
5. 老顾客的二次开发，产品、材料推荐、报价。
6. 解答客户疑虑，引导老客户推荐新客户。
7. 与其他科室医生及医生助理合作，深度开发客户消费潜力。
8. 执行医院各种促销活动的开展和推动，确保各类活动项目顺利完成</td></tr>
<tr><td>治疗方案
沟通</td><td>1. 在术前对每一个顾客要充分告知术前、术中、术后的相关事项。
2. 按标准完成顾客术前病例的书写及各项手续的办理</td></tr>
<tr><td>治疗回访</td><td>1. 执行术后回访制度。
2. 记录顾客术后回访情况。
3. 负责对未成交顾客的跟踪回访</td></tr>
<tr><td colspan="6">合计</td><td>36/54</td></tr>
</table>

注：“对接典型工作任务及职业能力要求”栏目填写的职业能力编码与“附录　（一）医学美容技术专业职业能力分析表”的编码对应，“M”表示编码与“附录　（二）美加美高端美容技术岗位（群）能力分析表”对应。

八、资源开发与利用

（一）教材编写与使用

（1）依据本课程标准指导教材编写，内容选择充分体现任务载体、真实工作过程导向的设计思想，教材体例突破传统知识系统为特征的结构框架。

（2）教材编写采用真实的案例，既可提高学生学习兴趣，也可作为实用性较强的工具书，指导岗位实际工作。

（3）教材编写体例采用问题导入、案例分析、任务训练、知识链接、任务考核等形式，内容精炼、准确，以够用为度。

（二）数字化资源开发与利用

校企共同开发和利用网络教学平台及网络课程资源，将医学咨询案例、客户档案资料、工作案例转化为岗位培养、现场教学的学习资源，根据教学需要录制教学视频、制作微课、整理用于在线学习交流平台的教学资源。

（三）企业岗位培养资源的开发与利用

将企业服务话术、接待流程标准、培训 PPT、培训材料、工作案例整理汇编转化成教学资源及在线学习课程资料，学生采取线上线下学习相结合的方式，更灵活地完成课程的学习任务。学生和导师之间进行在线交流，最终建成一个丰富、可循环利用的问题库，方便学生随时搜索和查阅。

九、教学建议

本课程为校企合作完成课程，以岗位培养、案例教学、任务训练为主要教学方式。将工作案例转化为教学案例，激发学生学习兴趣，提高课程教学效果。以任务训练、角色扮演等教学法，让学生在“教”与“学”的过程中，反复训练、突破沟通障碍，训练沟通技巧。现场教学、模拟咨询、岗位实践等内容可培养学生的面对面沟通能力，以及网络在线对话、电话沟通技巧。

十、课程实施条件

本课程实施需具备两个基本条件。一是师资条件。本课程教学任务由校企双导师共同完成，学校导师应具备一定的临床实践经历，具备皮肤科、美容科方面的工作经验。企业导师应具有美容顾问或医美咨询岗位的工作经验。二是实训条件。建立本专业开放式仿真实训中心，使之具备工学交替、模拟实训的条件，实现“教、学、做一体”，满足学生基本沟通能力培养的要求。企业的客户资源及岗位能满足师带徒、在岗培养教学条件。

十一、教学评价

教学评价由企业、学生、导师及顾客共同评价，评价方式有面试、任务考核、结果考核等。评价过程采用阶段评价、过程性评价与目标评价相结合的方式。关注评价的多元性，训练态度、沟通过程考核、沟通效果考核、任务考核构成过程性评价的主要内容，任务考核分阶段性进行，各部分评价的成绩按重要性分比例计入总评成绩。

考核应注重学生沟通礼仪、面对面沟通、电话沟通能力的考核，强调有效沟通，对学习成绩突出、有创新的学生应予特别鼓励，全面综合评价学生能力。

十二、课程内容结构图

美容咨询与沟通课程内容结构详见图2－7。

（撰稿人：吴琼、孙晶、周金梅）

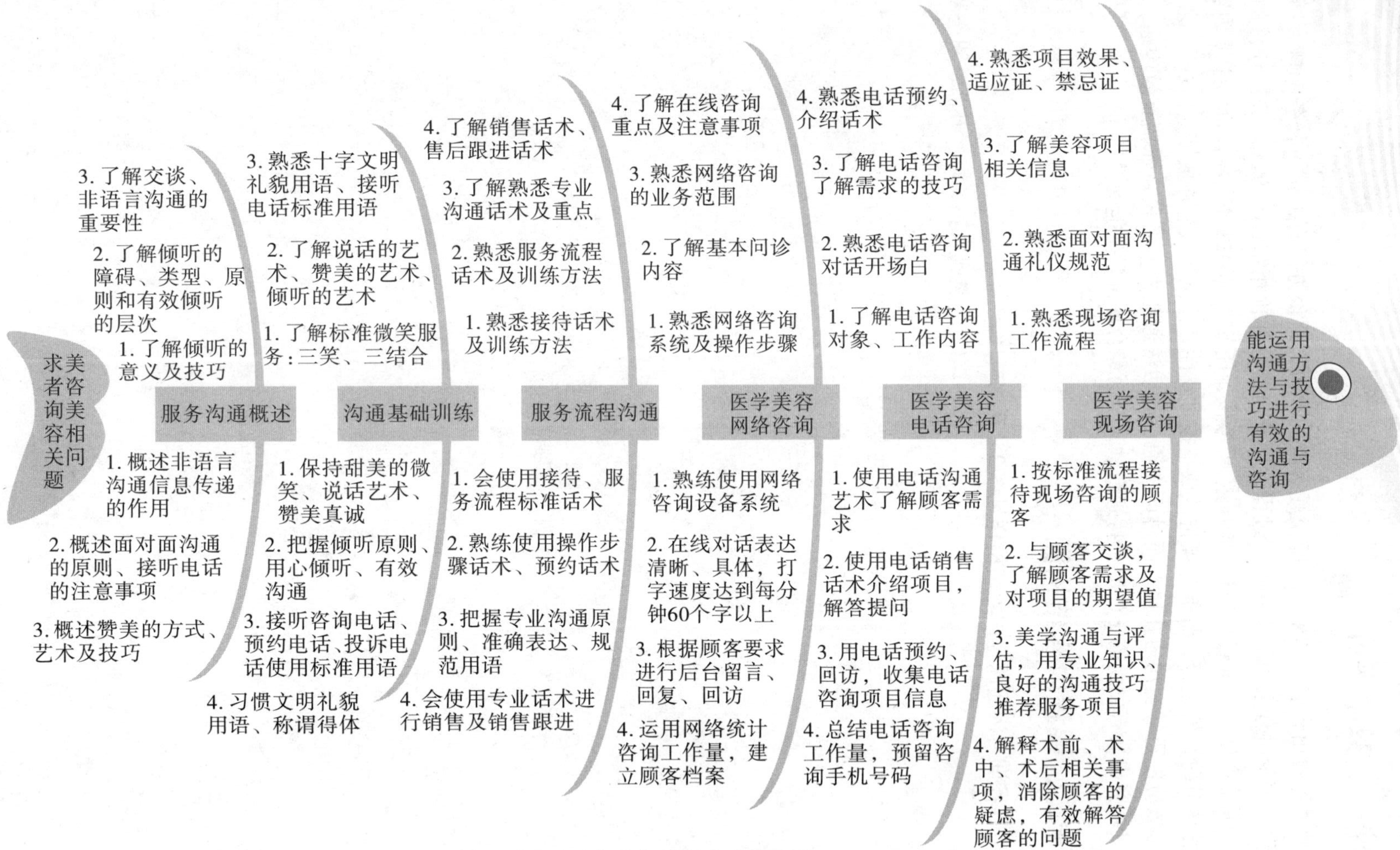

图 2-7　美容咨询与沟通课程内容结构图

专业技术技能课程：医美技术服务课程标准

一、课程名称

医美技术服务

二、适用专业及面向岗位

适用于高职医学美容技术专业。面向医疗美容机构的医助、美容技师等岗位。

三、课程性质

本课程是高职医学美容技术专业的一门专业技术技能课程，是以培养美容医师助理、医学美容技师岗位的基本技术能力为主要任务。课程内容涵盖手术配合、脱毛、问题皮肤护理、文饰美容等典型工任务必备的知识和技术，其技术操作属于医疗美容范畴。

四、课程设计

（一）设计思路

本课程标准的总体设计思路是：变学科课程体系为任务引领型课程体系，根据医疗卫生管理规范对医疗技术岗位的职业资格要求，组织课程内容；变知识本位为能力本位，以工作过程为导向，以任务驱动设计学习项目及教学活动，将课程目标与岗位职业能力考核晋升标准相融合，主要采用“教、学、做一体”的教学方式，培养学生临床实践的操作能力。

（二）内容组织

内容组织参考入职培训考核方案，按初始岗位到晋升岗位的能力要求，理论以实用、够用为原则，突出岗位操作能力培养，基于工作过程典型工作任务并结合学生认知规律，将课程内容整合为 6 个学习任务。每一项目下又划分为若干典型工作任务，任务内容与真实工作内容对接，学生学以致用，从而有效提高其学习主动性。

五、课程教学目标

（一）认知目标

（1）了解医学美容就诊流程及接待的要求。
（2）了解医助沟通的方法及技巧。
（3）熟悉手术配合的具体要求及注意事项。
（4）熟悉物理美容操作规范、术后注意、适应证、禁忌症。
（5）熟悉文饰美容操作规范、操作原则、术后注意、适应证、禁忌症。

（二）能力目标

（1）具备良好的医学美学审美能力。
（2）具备常见问题皮肤诊治能力。
（3）能够协助医生实施美容整形手术。
（4）具备运用物理美容技术实践操作能力。
（5）能够根据人体结构美学标准，进行文饰美容的设计。

（三）素质目标

（1）有良好的医学美学素养、与时俱进的审美情趣。
（2）具有良好的形象和职业道德。
（3）有爱心、责任心及安全服务意识。
（4）不泄漏客户信息，尊重客户的隐私权。

六、参考学时与学分

参考学时：二年制 90 学时，三年制 108 学时。
参考学分：二年制 5 学分，三年制 6 学分。

七、课程结构

医美技术服务课程结构及内容分析见表 2 - 8。

表 2－8　医美技术服务课程结构及内容分析

序号	学习任务（单元、模块）	对接典型工作任务及职业能力要求		知识、技能、态度要求	教学活动设计	学时（二年制/三年制）
1	就诊服务管理	28 29 30	服务区管理	1. 环境管理：整理桌面、补充物料（食品、宣传册）、摆放资料、维护区域卫生。 2. 食品供应（煮花茶、咖啡，准备点心）。 3. 电器管理（电器借用登记、检查电器开关）	1. 在岗位培养：师带徒、小组讨论。 2. 分组学习。 3. 任务训练：接待环境管理、服务。 4. 总结点评	4/8
			候诊服务	1. 安置顾客（提供茶、电视、食品等）。 2. 顾客情绪处置（安抚情绪）		
			就诊客户投诉处理	1. 妥善安置投诉顾客，了解投诉原因，填写满意度调查表。 2. 信息登记（个人信息、治疗项目、病历号、电话号码）。 3. 调取档案。 4. 投诉反馈（联系医生）		
2	准备接诊	24 25	医院早会	1. 业绩总结：分析项目开发情况，回顾前一天工作（满意度、存在问题），提出改进措施。 2. 布置目标：通报科室的月目标、销售产品的业绩目标、项目的目标、服务目标	1. 案例导入：业绩目标、项目标准、服务目标等。 2. 活动教学：小组讨论、准备物料、业绩分析。 3. 活动总结：任务完成情况、目标达成率	6/6
			准备工作	1. 环境准备：开空调，办公用品、食品、宣传册等物料摆放整齐。 2. 查看接诊登记：调取预约顾客档案，按顺序整理排列；巡楼（护理师、前台）；打开分诊表、医助轮排表、仪器使用轮排表，及时移动医生及护理师名牌（轮排）。 3. 物料准备：查看冰袋借还登记，清点借用物品押金，检查储物柜钥匙		

续上表

<table>
<tr><th>序号</th><th>学习任务
（单元、模块）</th><th colspan="2">对接典型工作任务及
职业能力要求</th><th>知识、技能、
态度要求</th><th>教学活动设计</th><th>学时
（二年制/
三年制）</th></tr>
<tr><td rowspan="3">3</td><td rowspan="3">协助就诊</td><td rowspan="3">26
27
31
47－03</td><td>客户接待</td><td>1. 复诊：登记复诊顾客信息、安置候诊、查看复诊预约信息与治疗次数、查看负责医生上班情况、电话通知主治医生。
2. 初诊：登记初诊顾客信息、安置顾客，了解初诊需求、查看分诊表、安排面诊医生、确定项目，引荐咨询医生、引导缴费、安排主班护理师</td><td rowspan="3">1. 任务训练：接待、沟通、联系医生、信息录入等。
2. 案例教学：复诊、初诊、顾客类型。
3. 问题导入：主诉、效果不满意</td><td rowspan="3">14/20</td></tr>
<tr><td>医助沟通</td><td>1. 了解顾客类型：询问主诉（皮肤问题）、了解美容需求、观察期望值（治疗效果、次数）、评估消费能力（预算）、分析客户个性特点，观察客户情绪状态、获取客户基本信息。
2. 了解美容史：查看美容部位，询问了解美容药物使用情况、有无过敏史，询问了解美容项目情况（过往手术项目）。
3. 治疗方案沟通（手术注意事项）</td></tr>
<tr><td>补充客户信息</td><td>1. 处置单信息录入（治疗内容、用料、医生）。
2. 核对缴费单（金额、项目类型及次数等）</td></tr>
</table>

续上表

<table>
<tr><th>序号</th><th>学习任务
(单元、模块)</th><th colspan="2">对接典型工作任务及
职业能力要求</th><th>知识、技能、
态度要求</th><th>教学活动设计</th><th>学时
(二年制/
三年制)</th></tr>
<tr><td rowspan="4">4</td><td rowspan="4">手术配合</td><td rowspan="4">38
39
40
41</td><td>术前准备</td><td>1. 领物料（物品、药品）。
2. 整理物品（卫生、消毒、整齐摆放）。
3. 查看清点物料是否齐备（麻药、冰袋、毛巾）。
4. 接处置单（确认项目、医生）。
5. 安顿顾客（存放物品、换鞋、更衣、清洁）</td><td rowspan="4">1. 任务训练：准备、清点物料、接处置处单。
2. 岗位培养：拍照、配药、消毒、麻醉配合、手术配合。
3. 总结：任务完成情况、岗位学习情况、问题分析</td><td rowspan="4">24/24</td></tr>
<tr><td>术前沟通及配合</td><td>1. 术前沟通（拍照、注意事项、治疗过程、效果等）。
2. 术前皮肤护理（清洁、补水）。
3. 麻醉配合。
4. 配药。
5. 通知主治医生。
6. 消毒。
7. 涂抹介质</td></tr>
<tr><td>术中配合</td><td>传递用物，观察了解顾客情况，安抚情绪、了解需求</td></tr>
<tr><td>术后配合</td><td>1. 创面处理（涂创伤膏或消炎膏、冰敷、敷修复面膜）。
2. 交代注意事项（饮食、防晒、补水、卫生、禁水）。
3. 指导家居护理</td></tr>
</table>

续上表

<table>
<tr><th>序号</th><th>学习任务
（单元、模块）</th><th colspan="2">对接典型工作任务及职业能力要求</th><th>知识、技能、态度要求</th><th>教学活动设计</th><th>学时
（二年制/三年制）</th></tr>
<tr><td rowspan="4">5</td><td rowspan="4">物理美容</td><td rowspan="4">32</td><td>问题皮肤诊治</td><td>1. 检查皮肤（色斑、松弛、毛孔粗大、痤疮、疤）。
2. 选择仪器、调节能量参数、使用登记。
3. 按仪器使用规范操作（方法、步骤）。
4. 仪器用后整理、归位。
5. 提醒术后注意事项</td><td rowspan="4">1. 问题导入：皮肤问题、仪器选择。
2. 岗位培养：仪器调节、操作配合、用后整理。
3. 总结：提问操作规范、仪器原理、操作注意事项</td><td rowspan="4">22/30</td></tr>
<tr><td>脱毛</td><td>1. 备皮（脱毛部位）。
2. 选择、调试仪器。
3. 按仪器使用规范操作（方法、步骤）。
4. 仪器用后整理、归位。
5. 提醒术后注意事项</td></tr>
<tr><td>去文身</td><td>1. 局部皮肤清洁。
2. 选择仪器的使用参数，规范操作。
3. 仪器用后整理、归位。
4. 提醒术后注意事项</td></tr>
<tr><td>塑形瘦身</td><td>1. 健康状况分析、量围度、称体重。
2. 选择仪器、调试仪器、使用登记。
3. 按仪器使用规范操作（方法、步骤）。
4. 仪器用后整理、归位。
5. 提醒术后注意事项</td></tr>
</table>

续上表

<table>
<tr><th>序号</th><th>学习任务
(单元、模块)</th><th colspan="2">对接典型工作任务及
职业能力要求</th><th>知识、技能、
态度要求</th><th>教学活动设计</th><th>学时
(二年制/
三年制)</th></tr>
<tr><td rowspan="2">6</td><td rowspan="2">文饰美容</td><td rowspan="2">32</td><td>眉、眼线、唇文饰技术</td><td>1. 了解文眉、文眼线、文唇的适应证、禁忌症。
2. 熟悉文饰工具使用、色料选择与调配。
3. 具备标准眉形、唇形、眼线设计能力。
4. 按文饰术规范流程操作。
5. 交代术后注意事项、可能出现的反应</td><td rowspan="2">1. 案例导入：图片对比、适应证。
2. 任务训练：眉形设计、文饰工具使用、文饰操作练习。
3. 总结：作品点评</td><td rowspan="2">20/20</td></tr>
<tr><td>文饰失败的处理</td><td>1. 了解激光去文饰的原理、适应证、禁忌症。
2. 了解改眉的方法、色料选择。
3. 交代术后注意事项、可能出现的反应</td></tr>
<tr><td colspan="6">合计</td><td>90/108</td></tr>
</table>

注："对接典型工作任务及职业能力要求"栏目填写的职业能力编码与"附录　（一）医学美容技术专业职业能力分析表"的编码对应，"M"表示编码与"附录　（二）美加美高端美容技术岗位（群）能力分析表"对应。

八、资源开发与利用

（一）教材编写与使用

（1）打破传统教材编写体例，以"工学结合"为原则，具备高职特色，教学内容涉及的操作必须符合《医疗卫生管理规范》要求。

（2）理论突出实用、够用原则，突出岗位操作技术能力培养，重点是医助和技师岗位典型工作任务所对应的知识和技术。

（3）坚持以学生为中心的原则，内容尽可能运用图文并茂的表达方式，文字描述简明、重点突出，方便自学，每一项目或任务训练要有目标，有一定的练习量。

（4）在自编讲义的基础上，注重校本教材的开发和应用。编写的《医学美容技术服务》教材，体例有较大的突破和创新，图示清晰、醒目，文字简明。

（二）数字化资源开发与利用

充分利用校企资源平台，通过互联网教育平台建设，上传课件、教案、习题等供学生复习、自学，形成丰富的课外教学互动资源。

积极开发和利用网络课程资源。利用信息化工具构建现代学徒在线学习平台，由学校和企业发布可在线学习的课程资料，学生采取线上线下学习相结合的方式，更灵活地完成课程的学习任务。导师也可以发布非课程任务的辅导材料（形式包括但不限于视频、PDF、Word等），用于学生碎片化学习阅读，拓展相关知识点。

（三）企业岗位培养资源的开发与利用

充分利用企业设备资源优势，开发新技术新项目，将真实的工作案例转化为教学案例，供课堂教学讨论。将操作过程制作成教学视频，用于指导学生进行技能训练。

九、教学建议

本课程为校企合作完成课程，课堂教学由学校导师主讲，岗位培养由企业导师以师带徒的形式完成。主讲导师应具有丰富的教学经验，并熟悉临床岗位工作任务及能力要求，积极推行工学结合、项目化教学，充分利用校企教育资源，加强与企业导师的合作与交流，使教学内容与实际工作任务紧密对接，让学生学以致用，注重“教”与“学”的互动。岗位培养利用真实案例、企业最新的设备技术资源，企业导师将工作案例转化成教学案例，进行现场教学、案例教学。

十、课程实施条件

本课程实施必备条件：一是师资，二是实训设施设备。校企双导师共同承担教学任务。学校导师应熟悉美容临床工作，企业导师应熟悉岗位能力培训及考核。实训条件包括校内实训室及校外实习医院。

十一、教学评价

（1）本课程的评价主要为结果考核和过程考核，考核形式采取笔试、面试、学习过程考核等。

（2）改革传统的学生成绩以理论考核为主、平时或操作成绩为辅的评价方法，采用一课一评，过程性评价与能力评价相结合，理论与实践相结合，总评成绩以过程考核和操作能力考核占的比例较重（60%以上）。

十二、课程内容结构图

医美技术服务课程内容结构详见图2－8。

（撰稿人：吴琼、邓丽丽、徐玲）

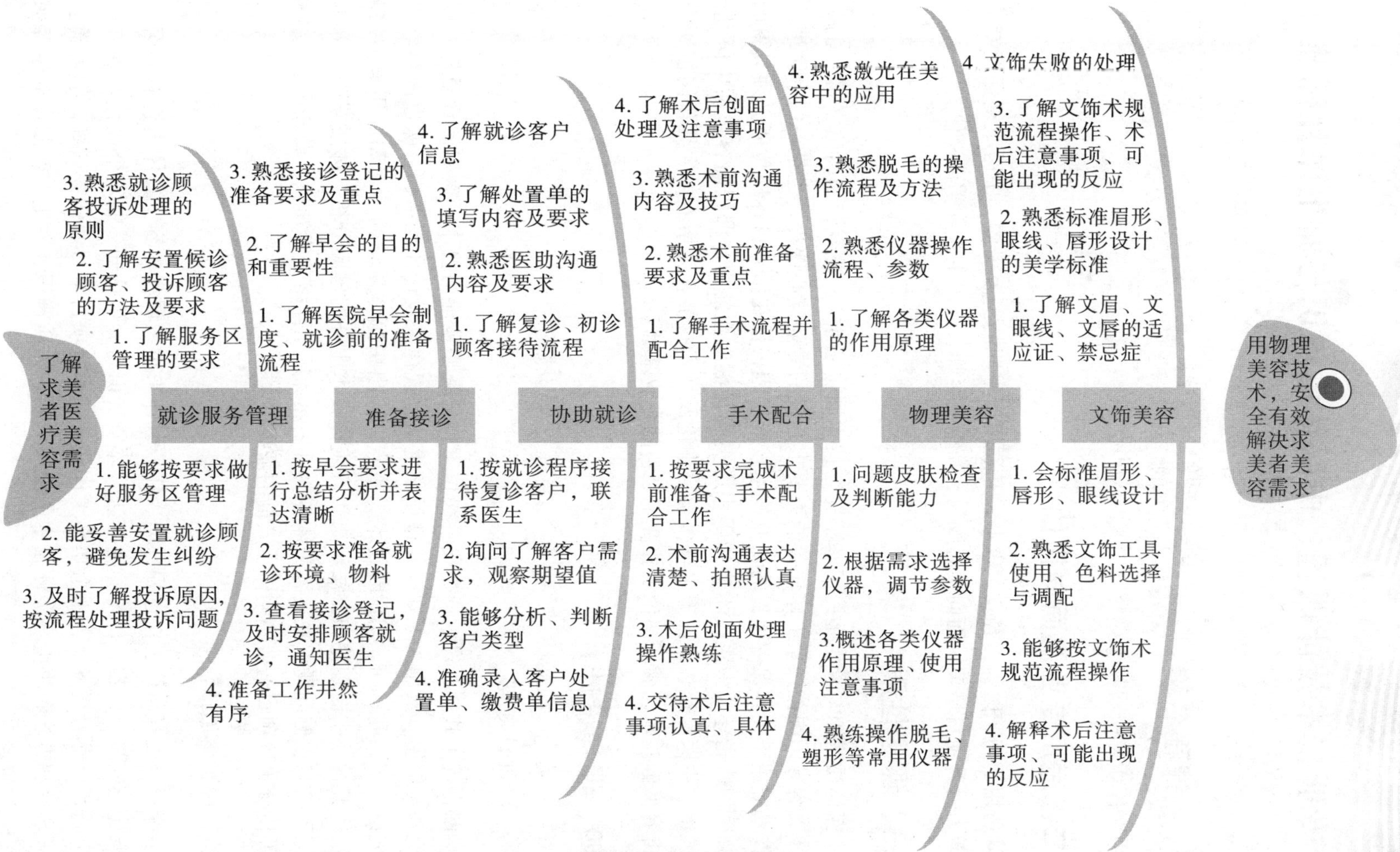

图 2–8　医美技术服务课程内容结构图

专业技术技能课程：中医体质辨识与养生课程标准

一、课程名称

中医体质辨识与养生

二、适用专业及面向岗位

既适用于高职医学美容技术专业，又适用于中职的美容美体、中医康复保健专业及岗位能力晋升项目培训。面向美容顾问、高级美容师、技术主管等学徒岗位。

三、课程性质

中医体质辨识与养生是一门基于美容技术岗位（群）、美容营销岗位（群）的美容顾问、美容导师岗位典型工作任务能力要求开发的专业核心课程，也是一门中医理论知识和技术应用于美容保健项目的专业技术技能课程，旨在培养目标岗位所必须具备的健康咨询、健康指导及中医技术应用等中医美容保健专业能力。课程内容包括中医基础、针灸推拿、中医食疗、中医养生等多学科理论及技术技能，为培养学生具备岗位所需的中医美容保健技术，胜任岗位工作奠定必备的专业基础。

四、课程设计

（一）设计思路

本课程校企共同开发，依据美容岗位工作任务职业能力要求，确定课程目标，以中医理论知识够用、实用为原则，并遵循学生认知规律来设计课程结构。课程内容以中医基础理论及望、闻、问、切诊断技术为重点，突出中医体质学的学习和应用能力培养，使学生能够运用中医理论和方法解决美容美体技术服务的健康分析、体质辨识、养生方案制定等美容保健问题，在美容美体各项目中熟练运用经络美容知识，做到刮痧、拔罐、艾灸等传统美容项目适合不同体质人群的需要。

（二）内容组织

本课程以美容岗位工作过程导向、任务载体来组织课程内容。具体内容有中医基础理论概述、经络与美容、传统养生疗法、体质辨识与养生认知、制定个性化调理方案并指导实施 5 个学习任务及若干个典型工作任务。通过项目学习及任务训练，学生学会运用中医理论和方法解决美容美体技术的健康分析、体质辨识、养生方案制定等美容保健问题，在美容美体各项目中熟练运用经络美容知识，具备刮痧、拔罐、艾灸等传统美容项目技术应用及指导能力。

五、课程教学目标

（一）认知目标

（1）了解中医阴阳五行的知识。
（2）具有扎实的中医藏象学说的基本理论。
（3）具备病因学说六淫七情致病的辨识标准。
（4）具备基本中药方剂知识。
（5）熟悉中医体质学九种常见体质的类型特点。
（6）有中医治疗技术推拿、按摩、针灸、刮痧等知识。
（7）有较强的中医传统技术操作的复合型知识结构。

（二）能力目标

（1）能熟练运用体质学说，正确辨识体质。
（2）能根据不同体质类型制定个性化养生方案并指导实施。
（3）能在美容体质养生中熟练运用传统中医治疗技术，如揉法、按法、弹法、击法、“按揉”复合手法。

（三）情感目标

（1）有良好的职业道德素质和职业形象。
（2）具备较强的责任意识和安全意识。
（3）具备善于分析问题并解决问题的专业素质。
（4）具备良好的沟通能力和文字表达能力，善于收集和处理顾客信息。

六、参考学时与学分

参考学时：二年制 72 学时，三年制 108 学时。
参考学分：二年制 4 学分，三年制 6 学分。

七、课程结构

中医体质辨识与养生课程结构及内容分析见表 2－9。

表2－9　中医体质辨识与养生课程结构及内容分析

序号	学习任务（单元、模块）	对接典型工作任务及职业能力要求		知识、技能、态度要求	教学活动设计	学时（二年制/三年制）
1	中医基础理论概述	03 04－01	熟悉中医病因病机	1. 了解阴阳五行与美容，能表述阴阳的概念。 2. 了解人体心、肺、脾、肝、肾五脏与美容的关系。 3. 能表述五行的概念和五行之间的关系。 4. 了解中医七情、四时与养生的关系。 5. 概述五脏六腑的主要生理功能。 6. 能表述气、血、津液的功能。 7. 能表述病因、病机的概念。 8. 了解常见的外感病因。 9. 能列举中医四诊的主要项目，在美容美体各项目操作中应用四诊评估顾客病症。 10. 了解中医辨症方法，识别常见的五脏病症	1. 课堂讲授：阴阳五行与美容、脏腑功能、中医四诊。 2. 问题导入、结合小组讨论：外感病因、病因病机、病症评估。 3. 总结、归纳	18/20
2	经络与美容	03	经络与常用腧穴的应用	1. 理解经络的概念和组成。 2. 熟记美容美体常用穴位名称及主治作用。 3. 了解经络的作用及在美容方面的应用。 4. 理解不同问题的经络归属。 5. 说出十二经络的名称及在体表的走向和交替规律。 6. 头面部美容常用穴位定位及取穴手法操作。 7. 循行经络痛点，分析病症	1. 图解讲授法：十二经络交替规律。 2. 案例教学。 3. 任务训练：经络走向及名称、常用穴位定位。 4. 总结、归纳	6/12

续上表

序号	学习任务 (单元、模块)	对接典型工作任务及职业能力要求		知识、技能、 态度要求	教学活动设计	学时 (二年制/ 三年制)
3	传统养生疗法	14－01 14－03	中医传统技术及应用	1. 理解刮痧的作用原理、适应证及禁忌症。 2. 了解拔罐的作用、方法及操作注意事项。 3. 熟悉艾灸、针灸的保健作用原理、方法及操作注意事项。 4. 了解养生药物种类、宜忌。 5. 在美容保健项目操作中熟练运用常用推拿手法。 6. 熟练使用刮痧工具进行刮痧操作。 7. 熟练操作火罐、闪罐、走罐、艾灸。 8. 解释刮痧、拔罐、针灸的保健功效	1. 问题导入：传统疗法的作用、原理、方法及操作注意事项。 2. 任务训练：传统疗法操作。 3. 任务总结	10/14
4	体质辨识与养生认知	03	体质辨识	1. 认识什么是体质、体质与健康的关系。 2. 认识体质形成及影响体质的因素。 3. 熟悉中医体质分类及常见表现。 4. 了解中医辨体识病的方法要点。 5. 了解饮食不当、生活起居不当与体质偏颇之间的关系。 6. 表述九种体质的形成原因、常见表现。 7. 表述望、闻、问、切的具体内容。 8. 解释不同体质的发病倾向、保健原则。 9. 解释饮食不当、生活起居不当易出现体质偏颇的原因。 10. 表述对体质如何调理及调理原则	1. 案例导入：体质与健康、影响体质的因素。 2. 课堂讲授：体质分类及常见表现，望、闻、问、切。 3. 情景教学：望、闻、问、切诊断，辨体识病	20/26

续上表

序号	学习任务（单元、模块）	对接典型工作任务及职业能力要求		知识、技能、态度要求	教学活动设计	学时（二年制/三年制）
5	制定个性化调理方案并指导实施	03 14－01 14－03	制定个性化调理方案	1. 理解体质生理特点、不同调理方法的重点。 2. 了解不同体质常用药膳调补方。 3. 熟悉不同体质生活指导及运动处方。 4. 理解不同体质饮食建议内容及选择难点。 5. 熟悉不同体质精神调摄方法。 6. 能够运用望、闻、问、切方法辨识顾客体质。 7. 制定并解释个性化调理方案的作用及重点。 8. 解释体质调理的重要性及调理作用。 9. 具体指出顾客在饮食、生活起居、精神等方面存在的问题并给出建议	1. 案例教学：养生方案分析、体质调理。 2. 任务训练：辨识体质、制定养生方案、养生指导。 3. 任务总结：小组讨论、任务分析	14/36
机动						4/0
合计						72/108

注：“对接典型工作任务及职业能力要求”栏目填写的职业能力编码与“附录　（一）医学美容技术专业职业能力分析表”的编码对应，“M”表示编码与“附录　（二）美加美高端美容技术岗位（群）能力分析表”对应。

八、资源开发与利用

（一）教材编写与使用

（1）教材编写本着理论知识够用、适用，能力训练为核心的原则。教材体例突破传统学科系统的结构，教材内容选择参考美容师工作任务要求，以及美容人群对美容服务和体质辨识的迫切要求。教材体例采用案例导入、任务训练、知识链接、图片及视频等形式多样、内容丰富的体例呈现，增加教材的趣味性，既满足学生学习需求又符合教师教学使用要求。

（2）收集案例，并把工作案例作为教学案例，编入教材，理论知识与工作案例结合，是本课程培养学生灵活运用理论知识分析问题和解决实际问题的能力，培养学生学习主体角色意识的教学理念。电子文本（案例汇编）上传至现代学徒学习网络，以便在教学中供师生参考选用。

（二）数字化资源开发与利用

本课程为校企合作课程，教学场景由校内延伸到校外，参与评价主体变得多元化（学生、教师、师傅、企业、学校）。为了在教学场景中更好地实现教学信息可传达、岗位培养教学资源可共享、教学过程可监控、教学质量可评估的目的，利用移动互联、云计算技术等信息化工具，建立信息化平台，实现线上线下教学相结合。

1．现代学徒制在线学习平台

由学校和企业发布可在线学习课程资料，学生采取线上线下学习相结合的方式，更灵活地完成本门课程的学习任务。导师也可以发布学习辅导材料（形式包括但不限于视频、PDF、Word 等），用于学生碎片化学习阅读，拓展相关知识点。

2．现代学徒制在线交流互动平台

学徒和导师之间的在线交流，采用课件、图片、微课、视频、网络咨询等形式，用手机移动端进行在线学习、答疑、知识考核评价等，最终建成一个丰富、可循环利用的资源库，方便学生随时搜索和查阅，也方便教学内容与时俱进。

（三）企业岗位培养资源的开发与利用

与合作企业密切联系，加强交流与沟通，参与企业新技术开发和市场开发，从实践中获取市场信息，选择典型案例，开展现场教学，充分利用客户资源，将客户资料整理汇编成教学案例，作为能力训练、考核评价的教学资源。

九、教学建议

（1）突出学生岗位能力的培养，采用案例教学法、任务驱动法、项目教学法，以完成任务目标，激发学生兴趣，使学生在项目活动中掌握相关的知识和技能。

（2）以学生为本，注重“教”与“学”的互动，选用典型案例，体现“教中学、学中做”，培养中医体质养生的职业能力。

（3）注重职业情景的创设，在现场或模拟实训室让学生以角色扮演、组建团队、开展小组合作等形式，学会辨识，能够判断，并拟出相关体质美容方案。

（4）到医院体检中心实地参观与体质辨识有关的活动。

十、课程实施条件

本课程是专业核心课程，以“教、学、做一体”为主要的教学方式，教师的专业能力是关键，应聘请具有中医美容临床经验的双师素质的教师来担任本课程的教学，也可以聘请医院医生参与相关教学活动。

教师开展教学工作应注重理论与实践相结合，尽可能利用中医教学模型、多媒体设施设备、教学视频等方式，让学生结合岗位职业能力要求学习。

十一、教学评价

校企共同制定考核评价方案，教学评价由企业、学生、客户、导师共同完成，评价方式有笔试、面试、任务考核、业绩考核等。评价过程采用过程评价加结果评价的方式，评价标准和内容体现能力本位，重视学习过程性评价，突出岗位职业能力及业绩考核。以能否独立判断不同体质、合理拟定相应方案、熟练运用中医传统项目技术手法作为测评的主要标准，包括对学生的知识、专业技能和职业态度的评价，采用学生自评和互评、教师评、顾客评、企业评等方式。

十二、课程内容结构图

中医体质辨识与养生课程内容结构详见图 2－9。

（撰稿人：王家龙、孙晶、李华英）

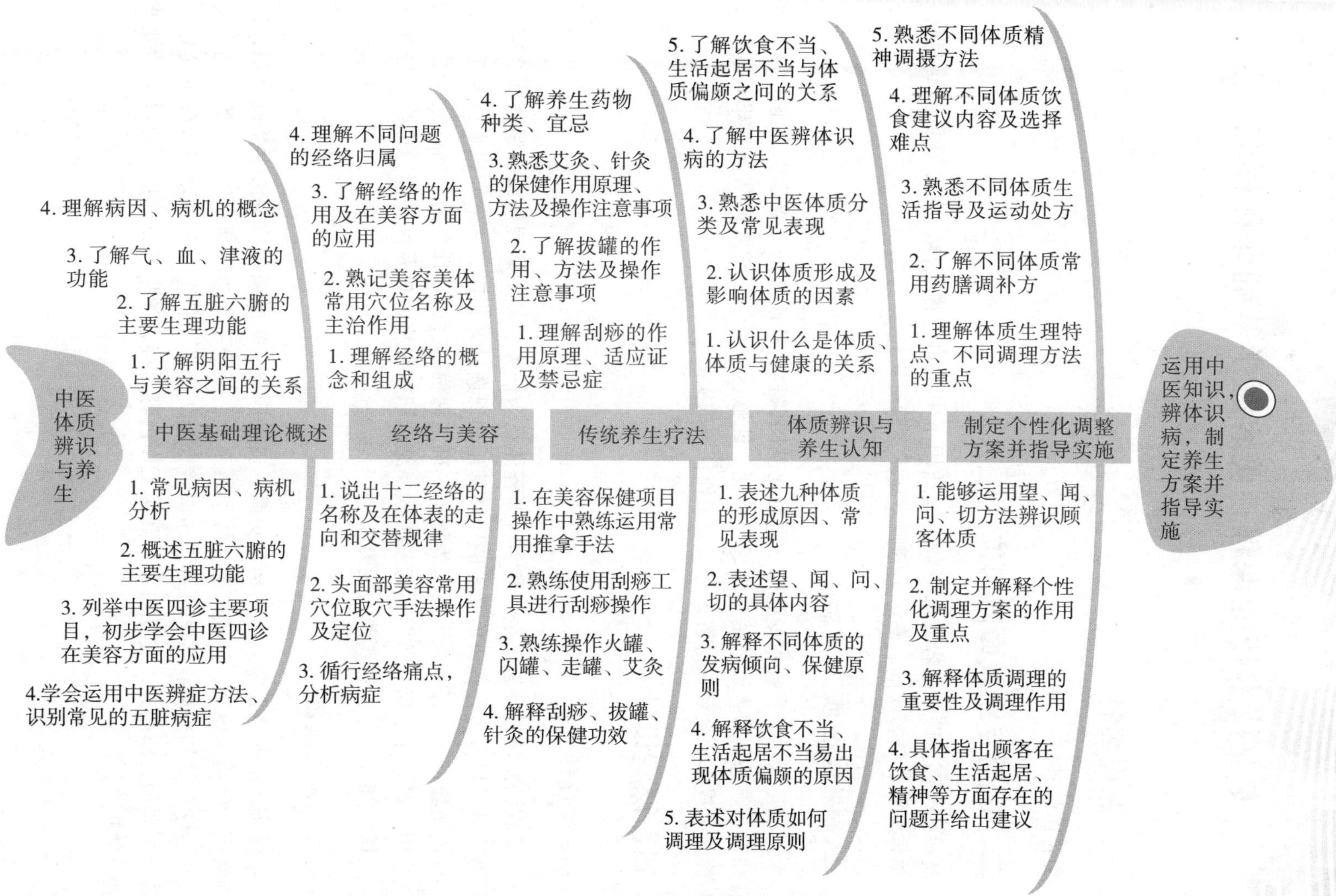

图 2-9　中医体质辨识与养生课程内容结构图

专业技术技能课程：美容医学基础课程标准

一、课程名称

美容医学基础

二、适用专业及面向岗位

既适用于高职医学美容技术专业，又适用于中职的美容美体、中医康复保健专业。面向美容导师、美容顾问、高级美容师、技术主管等岗位。

三、课程性质

本课程是医学美容技术专业的一门专业基础课程，其任务是培养学生具备美容医学基础知识，熟悉正常人体的基本组成与功能，能够运用所学正常人体结构等知识指导美容美体技术操作、美容保健咨询等岗位工作任务的实践。

四、课程设计

（一）设计思路

本课程的总体设计思路是：变学科课程体系为任务引领型课程体系，紧紧围绕完成美容美体技术服务工作任务所必需的医学基础知识选择课程内容。变知识本位为能力本位，以岗位典型工作任务能力要求为依据，确定课程目标，以任务为导向，创设学习情境，采用“教、学、做一体”的教学方式，结合职业资格考核及岗位能力标准，培养学生运用医学知识指导美容实践的能力。

（二）内容组织

本课程内容涵盖正常人体结构与功能、皮肤病理、病原微生物等医学基础知识，以突出实用、够用为原则，彻底打破传统学科系统，基于工作过程典型工作任务的能力要求并结合学生认知规律，将学科系统知识整合为 7 个学习任务，每一学习任务下又划分为若干个典型工作任务，任务内容与真实工作内容对接，学生学以致用，学习主动性能得到有效提高。

五、课程教学目标

（一）认知目标

（1）了解正常人体九大系统的组成及生理功能。
（2）熟悉美容相关正常人体结构和功能知识、皮肤美容基础知识。
（3）熟悉正常人体体表标志。
（4）熟悉体表各部位神经血管行程分布、内脏的体表定位。

（二）能力目标

（1）能针对美容美体项目具体的手法操作给出科学的指导。
（2）能够客观认识正常人体的结构与功能，为不同需求的顾客提供具体的运动养生保健指导。
（3）能够根据正常人体表面解剖标志为常用经络穴位准确定位。
（4）能够根据人体结构美学标准为美容顾客提供审美建议与指导。

（三）情感目标

（1）了解医学人体结构美，培养正确的审美素质。
（2）了解人体美容标准，具备健康的体魄及职业形象。
（3）具备良好的生活方式，具备健康的身体素质。

六、参考学时与学分

参考学时：二年制 54 学时，三年制 90 学时。
参考学分：二年制 3 学分，三年制 5 学分。

七、课程结构

美容医学基础课程结构及内容分析见表 2－10。

表 2－10　美容医学基础课程结构及内容分析

<table>
<tr><th>序号</th><th>学习任务（单元、模块）</th><th colspan="2">对接典型工作任务及职业能力要求</th><th>知识、技能、态度要求</th><th>教学活动设计</th><th>学时（二年制/三年制）</th></tr>
<tr><td rowspan="2">1</td><td rowspan="2">人体系统组成及功能概述</td><td rowspan="2">02－03 03</td><td>概述人体系统组成</td><td>1. 概述人体系统的组成。
2. 认识骨的形态、分类、构造。
3. 了解关节的组成、基本结构、辅助结构和运动形式。
4. 了解肌肉的组成、分类、构造及辅助结构</td><td rowspan="4">1. 采用基于企业真实工作任务的案例教学法。
2. 讲授结合、小组讨论。
3. 任务训练：理论知识应用于手部护理、腿部护理、描述四肢形态结构。
4. 案例教学：头颈部大体结构、美学标准。
5. 总结、归纳</td><td rowspan="2">0/16</td></tr>
<tr><td>了解人体系统的主要功能</td><td>1. 概述内脏的形态位置、毗邻关系及主要功能。
2. 概述关节、肌肉的主要功能。
3. 概述循环、消化、神经及内分泌系统的主要功能</td></tr>
<tr><td rowspan="2">2</td><td rowspan="2">四肢大体结构</td><td rowspan="2">02－03 03</td><td>了解四肢的形态组成</td><td>1. 说出上、下肢的大体形态及分区。
2. 描述上、下肢骨的组成。
3. 概述上、下肢浅表肌。
4. 概述四肢浅表血管及走行。
5. 说出四肢各部位的名称</td><td rowspan="2">0/4</td></tr>
<tr><td>熟悉四肢结构及体表标志</td><td>1. 了解上、下肢的神经及走行。
2. 熟悉上、下肢体表标志、腋窝淋巴结群及引流途径。
3. 熟悉美容美体技术操作中，常用于四肢取穴定位的体表标志及名称</td></tr>
</table>

续上表

<table>
<tr><th>序号</th><th>学习任务
（单元、模块）</th><th colspan="2">对接典型工作任务及
职业能力要求</th><th>知识、技能、
态度要求</th><th>教学活动设计</th><th>学时
（二年制/
三年制）</th></tr>
<tr><td rowspan="2">3</td><td rowspan="2">头颈部
大体结构</td><td rowspan="2">02－03
03</td><td>熟悉头面部的组成</td><td>1. 说出五官各部位的名称。
2. 熟记颅骨的组成及骨性标志。
3. 辨识头面部浅表肌。
4. 认知颈部的浅表肌肉</td><td rowspan="4">1. 基于身体护理的问题导入法。
2. 基于身体护理项目的分组讨论。
3. 基于身体护理如乳腺疏通、肠胃保养、腰背部保养等的图解讲授。
4. 总结、归纳</td><td rowspan="2">10/10</td></tr>
<tr><td>掌握头颈部神经血管分布</td><td>1. 表述头面部浅表血管及走行、淋巴结及引流途径。
2. 表述头面部的神经及走行。
3. 表述颈部浅表血管及走行；淋巴结及引流途径。
4. 认知颈部的神经及走行。
5. 认知颈部的器官及体表投影</td></tr>
<tr><td rowspan="2">4</td><td rowspan="2">躯干大体结构</td><td rowspan="2">03</td><td>了解躯干体各部位组成</td><td>1. 说出胸部、背部各部位的名称。
2. 熟悉乳房的大体结构。
3. 认知胸廓和脊柱的组成、脊柱的连接。
4. 了解胸部、背部、腹部的浅表肌肉。
5. 熟悉椎骨的一般形态及各椎骨的形态特征</td><td rowspan="2">14/20</td></tr>
<tr><td>熟悉体表标志及分区</td><td>1. 了解胸腔的重要脏器及体表投影。
2. 说出胸、腹部的标志线及分区。
3. 认知腹腔重要脏器的形态位置、功能及体表投影。
4. 熟悉椎骨的体表标志</td></tr>
<tr><td>5</td><td>女性盆腔及会阴形态结构</td><td>03</td><td>熟悉盆腔结构</td><td>1. 说出女性盆腔及会阴的大体形态及分区。
2. 表述女性盆腔的重要器官形态位置、功能及体表投影。
3. 概述女性的外生殖器及会阴。
4. 认知女性骨盆的体表标志。</td><td>1. 案例教学。
2. 问题导入。
3. 讨论、小结</td><td>4/4</td></tr>
</table>

续上表

<table>
<tr><th>序号</th><th>学习任务
（单元、模块）</th><th colspan="2">对接典型工作任务及职业能力要求</th><th>知识、技能、态度要求</th><th>教学活动设计</th><th>学时
（二年制/三年制）</th></tr>
<tr><td rowspan="2">6</td><td rowspan="2">皮肤病理基础</td><td rowspan="2">14
31－02
33－02
M08</td><td>了解皮肤损伤原因</td><td>1. 认识皮肤损伤的原因和发病机理；初步掌握皮肤损伤的防治原则，如过度挤压、烫伤、过度摩擦等。
2. 认识血液循环障碍所致的皮肤病变的原因和发病机理；初步掌握其防治原则。如眼袋、黑眼圈等。
3. 认识皮肤炎症的发生原因、病理变化特点和临床表现</td><td rowspan="2">1. 问题导入法：图片比较。
2. 案例教学。
3. 小组讨论</td><td rowspan="2">10/16</td></tr>
<tr><td>掌握常见皮肤病的防治</td><td>1. 初步掌握皮肤炎症的防治原则，如青春痘、痤疮等。
2. 学会运用所学的皮肤病理基础知识解释日常生活中常见皮肤病的病因和发病机理，并懂得相应的防治原则。
3. 培养具有相关医学知识，又有实践经验的美容技师，具备处理常见问题皮肤的能力</td></tr>
<tr><td rowspan="3">7</td><td rowspan="3">美容消毒卫生</td><td rowspan="3">05－04
06－02
10－02
10－03
38－02
39－02
42</td><td>认识微生物与健康的关系</td><td>1. 微生物在美容院的分布。
2. 微生物在人体的分布。
3. 微生物的形态与结构特点。
4. 微生物的生长与代谢。
5. 微生物的致病特点</td><td rowspan="3">1. 问题导入法：传染病分布、消毒。
2. 案例教学。
3. 小组讨论</td><td rowspan="3">14/16</td></tr>
<tr><td>常见传染病的防控</td><td>1. 传染病的特点。
2. 皮肤传染病的预防与控制。
3. 呼吸系统传染病的预防与控制。
4. 血液传染病的预防与控制</td></tr>
<tr><td>美容卫生管理</td><td>1. 熟知从业人员的卫生要求。
2. 美容用物用品及环境卫生标准及管理规范。
3. 常用物理消毒法的使用方法、范围、操作流程、注意事项。
4. 常用化学消毒法的使用方法、范围、操作流程、注意事项、影响因素</td></tr>
</table>

续上表

序号	学习任务（单元、模块）	对接典型工作任务及职业能力要求	知识、技能、态度要求	教学活动设计	学时（二年制/三年制）
机动					2/4
合计					54/90

注："对接典型工作任务及职业能力要求"栏目填写的职业能力编码与"附录　（一）医学美容技术专业职业能力分析表"的编码对应，"M"表示编码与"附录　（二）美加美高端美容技术岗位（群）能力分析表"对应。

八、资源开发与利用

（一）教材编写与使用

本课程的总体设计是以美容技术岗位真实工作任务为载体，依据美容美体各项目的能力要求，将九大系统解剖形态学知识进行整合，突出岗位能力培养。因此，教材编写应体现以下原则。

（1）彻底打破传统的学科系统性，以"工学结合"为原则，教学内容必须以与美容美体服务项目及流程对应为依据进行内容整合。

（2）突出实用、够用原则，必须具备高职特色，理论以够用为度，重点是对正常人体大体结构、皮肤组织的认识，各系统、器官组织详细描述不作为重点，减少不用或少用的内容。

（3）体现以学生为中心的原则，编排内容图文并茂、文字描述简明、重点突出，方便自学，每一单元有学习目标，课后有练习题。

（4）在自编讲义的基础上，注重校本教材的开发和应用。编写的《美容医学基础》教材，体例有较大的突破和创新，图示清晰、醒目，文字简明，拟成为医学美容技术专业现代学徒制学生的专用教材。

（二）数字化资源开发与利用

充分利用校企资源平台，通过互联网教育平台建设，上传课件、视频、微课、知识链接、案例分析、习题等供学生复习、自学，并形成丰富的课外教学互动资源。

积极开发和利用网络课程资源，建立课程在线考核评价系统，实现网上考核评价。

（三）企业岗位培养资源的开发与利用

开发新技术新项目，以真实案例为载体，开发项目培训课程，建立职业资格考核与项目培训相融合的岗位培养体系。

九、教学建议

理论教学要求有现代化教学工具。主讲教师应具有丰富的教学经验，熟悉岗位工作任务及能力要求，积极推行工学结合、项目化教学，充分利用校企教育资源，加强与企业导师的合作与交流，使教学内容与实际工作任务紧密对接，学生学以致用。注重“教”与“学”的互动。

十、课程实施条件

由熟悉美容专业就业岗位及能力要求、有医学基础课职业教育经验的教师授课，充分利用学校医学基础实训室教学标本、模型、视频、图片资料等资源。注重教学内容与实际应用紧密对接，企业导师协助收集真实案例作为教辅资料，增加课堂教学的趣味性。

十一、教学评价

（1）本课程的评价主要为结果考核和过程考核，考核形式采取笔试、面试、学习过程考核等。

（2）改革传统的学生成绩以理论考核为主、平时或实验成绩为辅的评价方法，采用一课一评、过程性评价与能力评价相结合、理论与实践相结合的形式，总评成绩以过程考核和操作能力考核占的比例较重（60%以上）。

十二、课程内容结构图

美容医学基础课程内容结构详见图 2－10。

（撰稿人：廖黔霖、孙天聪、李岩）

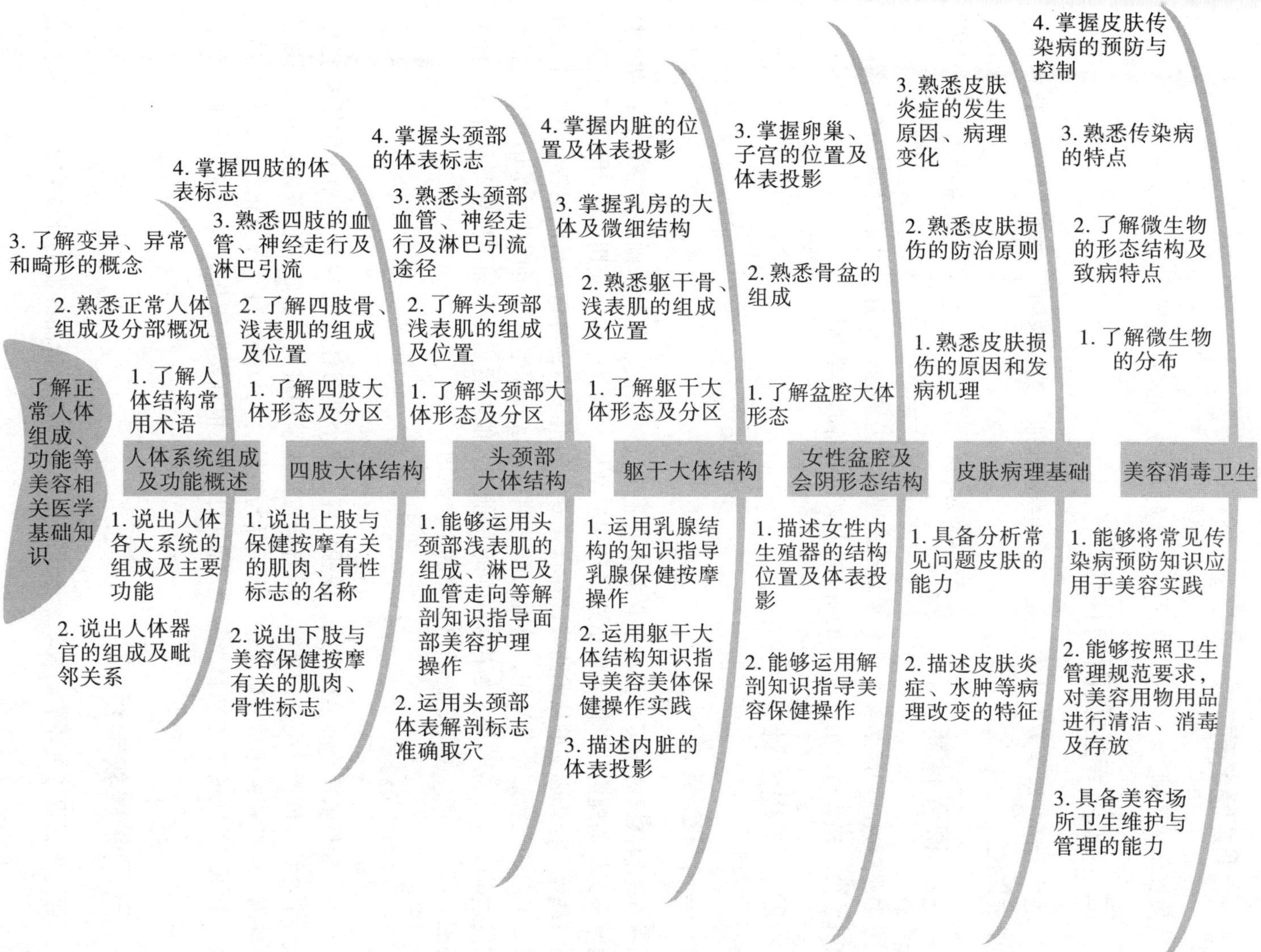

图 2-10　美容医学基础课程内容结构图

专业技术技能课程：美容化学基础课程标准

一、课程名称

美容化学基础

二、适用专业及面向岗位

适用于高职医学美容技术专业。面向美容导师、美容顾问、高级美容师、技术主管等学徒岗位。

三、课程性质

本课程为高职医学美容技术专业基础课程，为培养学生具备产品培训、产品搭配与项目整合、化妆品营销及应用方面的能力奠定必备的化学基础。

四、课程设计

（一）设计思路

本课程依据医学美容技术专业主要就业岗位对化妆品化学基础的需要设置；彻底打破原有课程的理论教学体系后重新设计课程结构，内容以突出应用、实用为原则；采用项目载体、任务驱动的技术路线，在行业专家的指导下，将化妆品使用者和营销者双方需要了解的化妆品化学知识，整合为学习项目；培养学生具备运用化学基础知识（溶液浓度、pH、化学成分等）解决实际问题的能力，能够运用化学知识指导产品介绍、产品搭配与组合、产品使用、产品培训等的工作能力。

（二）内容组织

本课程打破传统的学科系统，课程内容由5个学习任务及14个典型工作任务组成，每一学习任务依据学生认知规律，结合岗位需求呈递进关系，学习任务内容由易到难依序排列，包括相关化学基础理论、化妆品与皮肤、化妆品原料、各类化妆品、化妆品安全5个相互关联的工作项目，每个工作项目下又根据实际工作需要分为若干典型工作任务。

五、课程教学目标

通过本课程各个环节的教学，学生获得美容应用化妆品必需的化学知识，主要内容包括与化妆品密切相关的化学基本知识和基础理论（溶液、表面活性剂、乳化、有机化合物的基本知识等）、化妆品原料、化妆品添加剂、化妆品卫生规范等，为进一步获得化妆品选择、搭配、使用和营销等工作所需的岗位知识奠定必要的化学基础。

（一）认知目标

（1）掌握化妆品的 pH 值、皮肤的 pH 值、皮肤结构和化妆品吸收的关系。
（2）掌握分散系概念、溶度的含义、表面活性剂的作用、化妆品的成分。
（3）熟悉各类化妆品的活性成分和作用原理。
（4）了解化妆品安全技术规范。
（5）掌握化妆品的保存方法、化妆品变质的特点。

（二）能力目标

（1）能看懂化妆品说明书上的各成分及作用。
（2）能通过外观及产品标识选择合格化妆品。
（3）能根据皮肤情况选择合适的化妆品。
（4）能选择合适的方法增强皮肤对化妆品的吸收能力。
（5）能判断化妆品是否变质，会保存化妆品。

（三）情感目标

（1）培养学生尊重别人的需要，友好地对待顾客。

（2）遵纪守法，敬业爱岗，遵守公司制度，和公司做最好的配合，爱公司、爱产品、爱选择的行业。

（3）礼貌待客，热忱服务，提供优质产品和热情、细致、周到、耐心的服务。

（4）认真负责，团结协作。

（5）实事求是，诚信公平。尊重客观事实，不夸大美容和产品的效果，为顾客需求着想，对待顾客一视同仁。

六、参考学时与学分

参考学时：二年制 72 学时，三年制 54 学时。
参考学分：二年制 4 学分，三年制 3 学分。

七、课程结构

美容化学基础课程结构及内容分析见表 2－11。

表 2－11　美容化学基础课程结构及内容分析

序号	学习任务（单元、模块）	对接典型工作任务及职业能力要求		知识、技能、态度要求	教学活动设计	学时（二年制/三年制）
1	相关化学基础理论	19－01 20－01	了解化学基础知识	1. 理解溶液浓度的概念，会使用化妆品量具准确取量。 2. 了解表面活性剂、乳化的基本概念。 3. 能看懂化妆品说明书中的表面活性剂，能分辨无机、有机成分	1. 案例教学：以营销过程中的具体步骤，如介绍化妆品的成分、解答顾客疑问等作为案例开展教学。 2. 活动教学。 3. 总结归纳	24/16
			介绍化妆品化学	1. 客观介绍化妆品外观形成的原因。 2. 能从 pH 值角度分析化妆品对皮肤是否有刺激性。 3. 能从化学的角度解释化妆品保存时间、温度、微生物等因素的影响		
2	化妆品与皮肤	19－03 20－04 M08	认识皮肤与化妆品	1. 了解皮肤的结构、机能、类型及皮肤腺分泌、皮脂膜的化学组成、皮肤的 pH 值。 2. 了解皮肤的老化与皮脂的关系，能够选择有天然保湿成分的化妆品，会选择合适的方法促进化妆品的吸收。		8/4
			健康皮肤保健	1. 能分辨皮肤是否健康。 2. 能用化学知识解释影响皮肤健美的因素。 3. 能用化学知识解释皮肤保健使用产品注意事项		
3	化妆品原料	19－05 20－04	了解化妆品基本原料	1. 理解化妆品基本原料（油类、粉类、溶剂与水类、胶质类）的作用。 2. 能用说明书分析基质材料，会解释各种化妆品添加剂的作用		12/8

续上表

<table>
<tr><th>序号</th><th>学习任务
(单元、模块)</th><th colspan="2">对接典型工作任务及
职业能力要求</th><th>知识、技能、
态度要求</th><th>教学活动设计</th><th>学时
(二年制/
三年制)</th></tr>
<tr><td></td><td></td><td></td><td>熟悉化妆品的添加剂</td><td>1. 能介绍化妆品品质有保障的原因、添加剂和活性成分。
2. 能说明化妆品营养添加物和疗效及化妆品中的活性成分</td><td rowspan="4">1. 案例教学:以营销过程中的具体步骤,如介绍化妆品的成分、解答顾客疑问等作为案例开展教学。
2. 活动教学。
3. 总结归纳</td><td></td></tr>
<tr><td>4</td><td>各类化妆品</td><td>09-03
M02-04
M16-01</td><td>化妆品选用指导</td><td>1. 了解各类化妆品主要成分、使用方法及使用注意事项。
2. 能指导顾客根据皮肤状况选择化妆品。
3. 能用化妆品知识介绍选择化妆品的理由。
4. 能根据化妆品成分及作用,介绍使用后的效果</td><td>18/18</td></tr>
<tr><td rowspan="2">5</td><td rowspan="2">化妆品安全</td><td rowspan="2">M11
48-04
48-11</td><td>了解化妆品法规</td><td>1. 了解化妆品的卫生法规、化妆品卫生标准系列。
2. 了解化妆品卫生监督条例、消费品使用说明及化妆品通用标签。
3. 了解化妆品生产企业卫生规范、化妆品卫生规范</td><td rowspan="2">6/6</td></tr>
<tr><td>安全使用化妆品</td><td>1. 了解几种主要化妆品的安全使用事项。
2. 掌握化妆品引起的不良反应,引起不良反应的化学成分及其他原因,化妆品引起的皮肤不良反应,化妆品引起的全身性不良反应。
3. 能用化妆品外观和标签判断合格化妆品。
4. 会保存化妆品,用外观判断化妆品是否变质。
5. 能给顾客宣讲化妆品在不同时期的使用注意事项,以减少因化妆品而产生的不良反应</td></tr>
<tr><td colspan="6">机动</td><td>4/2</td></tr>
<tr><td colspan="6">合计</td><td>72/54</td></tr>
</table>

注:“对接典型工作任务及职业能力要求”栏目填写的职业能力编码与“附录 (一)医学美容技术专业职业能力分析表”的编码对应,“M”表示编码与“附录 (二)美加美高端美容技术岗位(群)能力分析表”对应。

八、资源开发与利用

（一）教材编写与使用

（1）教材编写要体现项目化课程的原则导向，尽量做到任务驱动教学，与传统的学科教材有所区别。教材内容由若干大项目构成，每个项目包含一定的具体任务。内容展开以项目完成为主线，理论知识的取舍以完成工作任务为依据。教材编写与企业合作，教学方面的项目设计一方面要符合企业实际，另一方面要符合教学特点，使项目源自企业又高于企业。教材编写中涉及的理论知识采用典型案例等形式导出，以便于实施启发引导的教学方法。教材编写中每个项目的编写体例采用教学目标、工作任务、能力训练、操作知识、理论知识、知识拓展和思考训练等形式。

（2）教材编写以美容行业的美容导师、美容顾问、高级美容师、技术主管等岗位在化妆品选择、营销、保存等典型工作过程中对化学基础知识的需求为依据。

（3）以化妆品的外观性状和成分、活性成分的作用原理与功效、化妆品安全等需要面对顾客重点解答的问题为主线，根据学生的认知规律，着眼于学生职业生涯发展，渗透职业素养教育的具体内容。将化妆品营销过程中面对顾客需要解答的问题作为情境与案例，体现案例教学课程特征，便于灵活开展案例教学。

（二）数字化资源开发与利用

为提高学习效率，拟通过数字化学习平台的开发，建设师生交流平台、微课建设、理论认知自测题、化妆品营销案例收集等资源建设，有步骤地完成课程教学资源网站建设，实现网络教学、师生网上互动和多媒体资源共享，提高课堂资源的利用率，实现网上考核评价等功能。

（三）企业岗位培养资源的开发与利用

参与企业新产品的开发及应用，收集顾客使用产品的效果反馈信息，将来源于岗位的真实案例、产品与项目搭配效果对比等美容化妆品应用相关的资料，整理成教学资源，以自编讲义、校本教材、案例、图片库、视频等形式呈现，作为课堂教学辅助资料，或上传至信息化教学平台上，作为学生课外在线自主学习资源。

九、教学建议

（1）理论教学要求有多媒体设备。主讲教师应具有丰富的实践经验，积极推行项目化教学、工学结合，充分利用企业的教育资源，加强与企业的合作。

（2）教学组织总体采取任务驱动、项目导向等教学法。项目任务的教学主要通过收集案例、分组讨论、产品分析、角色扮演、汇报交流、体验等方法进行。

（3）教学项目尽可能来自企业，同时，引导学生模拟美容师、美容顾问等不同角色，进行化妆品介绍、作用方法指导等实战能力训练，以加深对化妆品理论知识的理解与实际工作的灵活运用。

(4) 以学生为本，注重“教”与“学”的互动。通过真实项目、问题导入、案例分析、产品体验等方法，调动学生学习兴趣及参与课程讨论的积极性，相对减少理论性偏强、泛而空的讲授，注重理论联系实践，重点培养学生解决问题的能力，强调实用性、岗位性、个性化的要求。

(5) 教师必须重视实践、参与实践，更新观念，走“产、学、研”相结合的道路。

十、课程实施条件

教学场所应配置多媒体教学设备，供理论教学使用，配备课程教学中各学习任务所需的产品（样品）、产品说明书、产品手册、产品使用效果对比图、产品调配量器等材料，供实践能力训练。

任课教师应熟悉各类化妆品的应用，理论与实践相结合，具有运用理论知识解释实际问题的能力。

十一、教学评价

学生的成绩评定以突出阶段性评价、目标评价、理论与实践一体化评价为指导，以评奖激励为手段，主要由理论知识的掌握（30%）、参与性评价和单元作业（30%）、综合化妆品应用能力评价（40%）三方面构成。除理论知识外，其他两部分的考核应遵循态度与业绩兼顾、规范与创新兼顾的原则，充分吸收各方面的评价意见，做到公平公正。

十二、课程内容结构图

美容化学基础课程内容结构详见图 2 - 11。

（撰稿人：冯小军、吴琼、李岩）

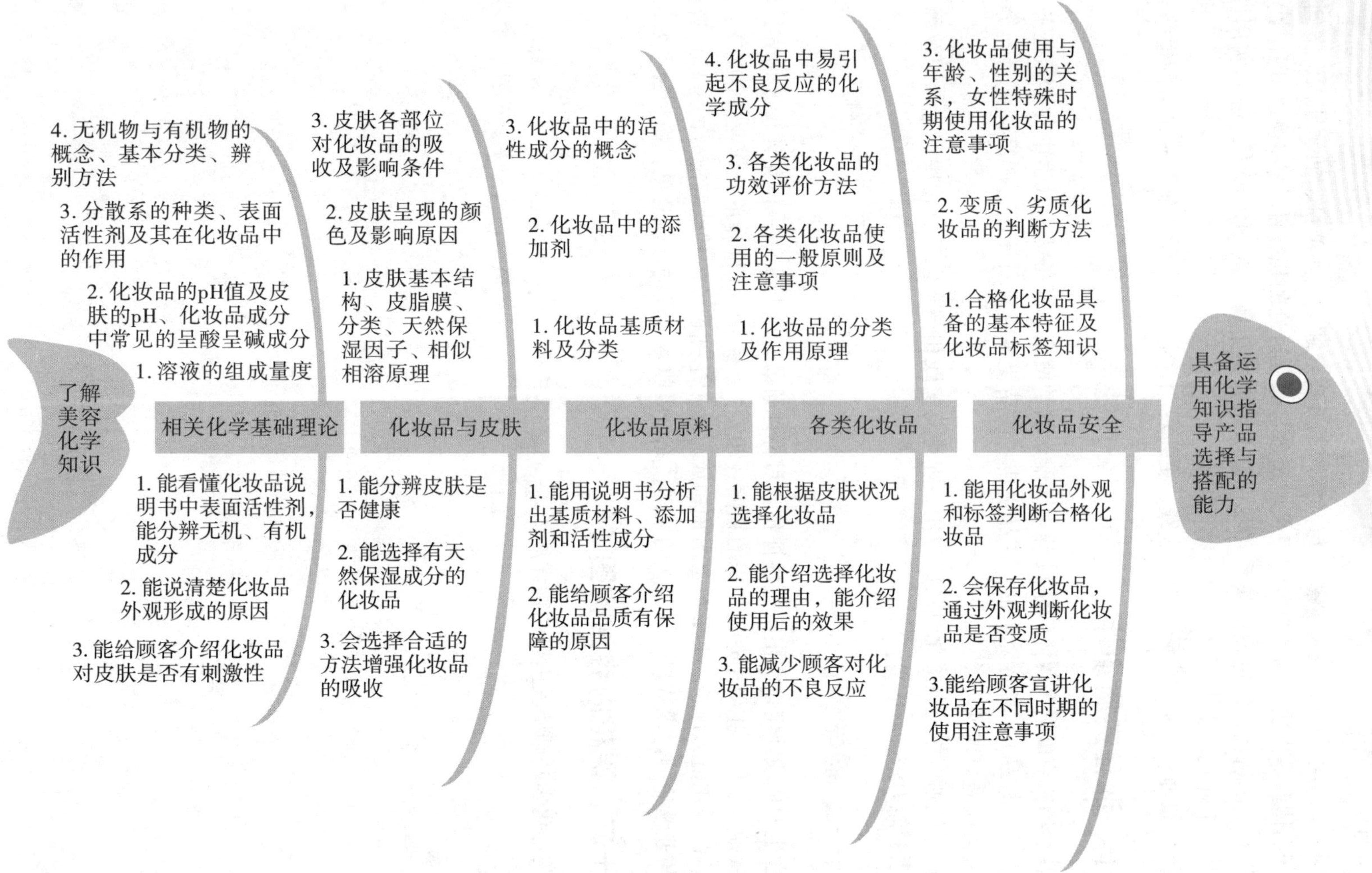

图 2-11　美容化学基础课程内容结构图

学徒岗位能力课程：美加美高端美容技术课程标准

一、课程名称

美加美高端美容技术

二、适用专业及面向岗位

既适用于高职三年制医学美容技术专业，也适用于企业相关岗位的技术培训，面向美容行业的高端美容技术岗位、营销岗位及管理岗位。

三、课程性质

美加美高端美容技术是一门融物理学、医学、化妆品学为一体的课程，是医学美容技术专业的学徒岗位能力课程，是专业实践课。内容主要包括最新声光电美容仪器在高端美容的运用、生物技术在化妆品的应用、化妆品与声光电仪器组合项目以及高端美容技术的常规操作和案例。通过对本课程的学习，学生掌握高端美容技术原理、高端美容项目操作流程和操作技巧，为未来走向美容工作岗位做好充分的准备。

四、课程设计

（一）设计思路

本课程在设计上从学生发展的现实和可能出发，因地制宜地营造有利于学生品德和行为习惯养成的学习环境，采用学生乐于接受的生动活泼的形式，帮助他们认识和理解美加美的内涵，掌握美加美高端美容项目的操作流程和操作技巧，使教学成为学生认识美加美、熟悉美加美操作流程、掌握美加美操作技巧的有效过程。

在教学模式、方法设计上突出动手能力，通过教、学、演、练等方式从单纯传授知识向技能培养方向转变，利用互动式、参与式教学，提升学生在课堂中的主体地位。

（二）内容组织

本课程内容由美加美高端美容系统、美加美职业形象及素质、美加美产品知识、美加美项目知识、美加美项目应用5个学习任务及10个典型工作任务组成，每一学习任务依据美加美拜师学艺、项目应用、美加美高端美容技术提升训练三个阶段的认知规律进行安排。本课程将最新声光电美容仪器工作原理、生物技术在化妆品的应用、美加美高端美容项目组成方案和操作流程及案例分析等分解到典型的工作中，每一学习任务与实际工作内容对接，让学生在完成工作任务的过程中学习相关知识，突出岗位技术技能综合能力的培养。

五、课程教学目标

（一）认知目标

（1）熟悉并掌握美加美高端美容系统的构成与要求。
（2）掌握声光电美容仪器的工作原理。
（3）掌握现代生物技术在化妆品的应用。
（4）掌握美容仪器与生物技术化妆品的结构及作用原理。

（二）能力目标

（1）具备对美加美高端项目的理解和讲解能力。
（2）具备对美加美高端项目的熟练操作能力。
（3）具备对美加美高端项目的效果分析能力。

（三）情感目标

（1）具备专业服务意识及安全责任意识。
（2）具有美加美高端美容项目技术人员的职业形象。
（3）具备认真工作的态度及规范操作意识。

六、参考学时与学分

参考学时：三年制 144 学时。
参考学分：三年制 8 学分。

七、课程结构

美加美高端美容技术课程结构及内容分析如表 2－12 所示。

表 2－12　美加美高端美容技术课程结构

<table>
<tr><th>序号</th><th>学习任务
（单元、模块）</th><th colspan="2">对接典型工作任务及职业能力要求</th><th>知识、技能、
态度要求</th><th>教学活动设计</th><th>学时
（三年制）</th></tr>
<tr><td rowspan="2">1</td><td rowspan="2">美加美高端美容系统</td><td rowspan="2">M02
M10
M16</td><td>了解美加美系统的组织</td><td>1. 认识美加美高端美容系统。
2. 分析美加美环境特点。
3. 了解美加美解决了哪些顾客需求。
4. 熟悉美加美高端美容系统内涵。
5. 具有对美加美的理解和讲解能力。</td><td rowspan="4">1. 现场讲授。
2. 案例展示：图片、视频。
3. 学生宣讲。
4. 提问与解答。
5. 情景模拟。
6. 操作练习。
7. 指导评价</td><td rowspan="2">10</td></tr>
<tr><td>了解美加美项目操作流程及标准</td><td>1. 熟悉并掌握美加美项目操作流程及标准。
2. 具有对美加美项目操作前流程的理解能力和执行能力</td></tr>
<tr><td rowspan="2">2</td><td rowspan="2">美加美职业形象及素质</td><td rowspan="2">M01
M02－01
M06－02
M06－03</td><td>形象管理</td><td>1. 掌握企业美加美职业形象标准。
2. 熟悉企业对美加美高端美容项目职业形象要求。
3. 具有对美加美职业形象的理解和执行能力</td><td rowspan="2">8</td></tr>
<tr><td>职业素养培养</td><td>1. 熟悉并掌握美加美企业文化精髓以及美加美职业素养标准。
2. 具有对美加美企业文化精髓和美加美职业素养标准的理解能力和执行能力</td></tr>
</table>

续上表

序号	学习任务（单元、模块）	对接典型工作任务及职业能力要求		知识、技能、态度要求	教学活动设计	学时（三年制）
3	美加美产品知识	19 20 M08 M16－01	皮肤渗透与吸收认知	1. 掌握皮肤渗透与吸收原理。 2. 熟悉影响皮肤吸收的因素。 3. 具有准确讲述皮肤渗透与吸收原理的能力	1. 现场讲授。 2. 情景模拟。 3. 学生宣讲。 4. 指导评价。 5. 提问与解答	10
			了解化妆品生物技术与生物添加剂	1. 掌握皮肤保湿、美白、防敏、抗衰、长痘的原因和生理过程，生物制剂对这些原因和生理过程的作用原理，常用的生物活性添加剂。 2. 熟悉生物制剂在化妆品中应用的广泛性。 3. 具备讲述知识目标的能力和对生物制剂在化妆品中应用的理解、讲解能力		
4	美加美项目知识	M02－04 M03－01 M09 M10	了解项目整合（产品＋仪器）	1. 掌握微雕修复项目、深海 SPA 透皙项目、逆龄无创祛皱项目、精雕刀抗衰项目等 5 个高科技美容项目整合（美容仪器与产品的搭配）、项目原理。 2. 掌握项目操作流程和注意事项。 3. 掌握仪器的保养方法。 4. 熟悉相关产品规格、质地和特点。 5. 能够向顾客解释美加美项目紧肤、除皱、提升及改善肤质的技术原理		26

续上表

<table>
<tr><th>序号</th><th>学习任务
（单元、模块）</th><th colspan="2">对接典型工作任务及职业能力要求</th><th>知识、技能、态度要求</th><th>教学活动设计</th><th>学时
（三年制）</th></tr>
<tr><td rowspan="3">5</td><td rowspan="3">美加美项目应用</td><td rowspan="3">M03－02
M09－03
M11
M12
M13
M15－02
M16－02</td><td>手法强化</td><td>1. 熟练掌握面部按摩基本手法的熟练度、服帖度、舒适度和力度。
2. 熟练掌握身体按摩基本手法的熟练度、服帖度、舒适度和力度。
3. 具备独立服务顾客的能力</td><td rowspan="3">1. 讲授。
2. 观看视频。
3. 情景模拟。
4. 操作示范。
5. 实训练习。
6. 指导评价。
7. 提问与解答</td><td rowspan="3">86</td></tr>
<tr><td>项目应用</td><td>1. 具备对微雕修复项目、深海 SPA 透皙项目、逆龄无创祛皱项目等高科技美容项目的理解能力。
2. 按产品＋生命核能三大项目的操作流程和操作规范进行操作。
3. 能够将产品＋生命核能三大项目应用于养生保健。
4. 能够独立服务顾客，手法的熟练度、服帖度、舒适度和力度让顾客满意。
5. 具备独立服务顾客能力，具备独立处理常见问题的能力</td></tr>
<tr><td>项目案例分析</td><td>1. 熟悉微雕修复项目、深海 SPA 透皙项目、逆龄无创祛皱项目、精雕刀抗衰项目等 5 个高科技美容项目效果反馈。
2. 比较美加美项目与传统项目的效果，总结项目应用优势及风险。
3. 图片收集整理、问题处理</td></tr>
<tr><td colspan="6">机动</td><td>4</td></tr>
<tr><td colspan="6">合计</td><td>144</td></tr>
</table>

注：“对接典型工作任务及职业能力要求”栏目填写的职业能力编码与“附录　（一）医学美容技术专业职业能力分析表”的编码对应，“M”表示编码与“附录　（二）美加美高端美容技术岗位（群）能力分析表”对应。

八、资源开发与利用

（一）教材编写与使用

（1）在教学过程中，积极利用多媒体教学、情景模拟教学等教学方式，拓宽学生视野、拓展学生的相关知识和能力。还应充分利用校外实习实训基地的资源，使教学与实践紧密联系，保持学习内容与岗位工作内容的一致性，提高学生的职业能力。

（2）教材选用遵循高职教育的原则与特点，根据三年制医学美容技术培养要求与培养计划，选用符合医学美容技术专业教学发展总体思路、符合学生认知规律、能够与本专业的培养目标相吻合的教材。

（3）教学中尽量充分发挥现代化信息技术的优势，利用开发的多媒体课件及运用云平台创设生动的学习环境，丰富网络资源，激发学生的学习兴趣，帮助学生对知识的理解和掌握，提高课堂教学的时间利用率。

（二）数字化资源开发与利用

校企共同开发并利用教学课件、微课、视频等教学资源，让学生可利用校企共同开发的学习软件、手机移动端进行在线学习、答疑、知识考核评价等。

（三）企业岗位培养资源的开发与利用

企业拥有先进的仪器设备和产品，为本课程教学提供优良的教学资源，可进行现场教学、任务培训，也可以根据教学需要录制教学视频、编写教学讲义、制作微课等。

九、教学建议

（1）本课程突出学生岗位能力和责任安全意识的职业素质培养。教学活动设计遵循学徒认知规律，案例来源于岗位，具有真实性、典型性和代表性，教学任务主要由来自企业一线的导师承担。

（2）以工作过程导向、案例教学法调动学徒参与互动、主动学习的积极性。教学内容设计应围绕技术能力培养和职业素养培养教育，体现教学过程与工作过程对接、教学内容与岗位能力标准要求对接。

（3）教学方法主要采用理论实践一体化、项目训练、情景教学、案例教学、现场教学、岗位实践等形式。其中项目培训、现场教学、岗位实践主要用于本课程核心技术能力的训练和培养，在岗学习以师带徒一对一形式进行带教。

十、课程实施条件

导师团队应具医学教育背景，有美容行业一线仪器操作相关工作经验，熟悉本课程教学内容。仪器设备先进，设施齐全，可满足学徒操作项目训练要求。

1. **教师基本要求**

师资队伍依托行业，聘请美容业内专家作为兼职教师。兼职教师应具有丰富的美容实践和教学经验，具有专业技师以上水平。建立一支知识、能力结构符合人才培养需求的专兼结合的“双师”素质课程教学团队。主讲教师要具备本科及以上学历，中级及以上职称，并具备高校教师资格。专职教师必须定期结合美容实际工作，了解行业最新动态。

2. **校内外实践教学条件要求**

校内外实训基地需设有多媒体教室、美容实训室等，以满足教学并贴近美容工作实际需要。实训室2间，包含相应的美容仪器和产品，满足美加美高端美容技术课程示教、实训、自主练习的需要。

十一、教学评价

美加美高端美容技术是一门专业必修课，也是一门实践性很强的学徒岗位能力课程，采用过程性考核和终结性考核。评价标准和内容与岗位工作任务考核标准相结合，重视学习过程性评价，突出职业能力评价。以能否独立、规范完成仪器操作为评价依据，同时要突出对职业素养的评价，评价内容包括学徒的责任意识、安全意识、专业知识掌握情况、专业技术能力和职业态度。评价方式采用操作考核、任务完成情况、面试、笔试、客户满意度、绩效考核等，可通过学生互评和自评、双导师评、客户评等多方共同评价。各方评价所占比重由双导师共同确定。其成绩组成是平时成绩满分为100分，占总评成绩的30%，包括考勤、提问、实践考核等；期末考试满分为100分，占总评成绩的70%。

十二、课程内容结构图

美加美高端美容技术课程内容结构详见图2-12。

（撰稿人：朱艳、龚磊、吴曦）

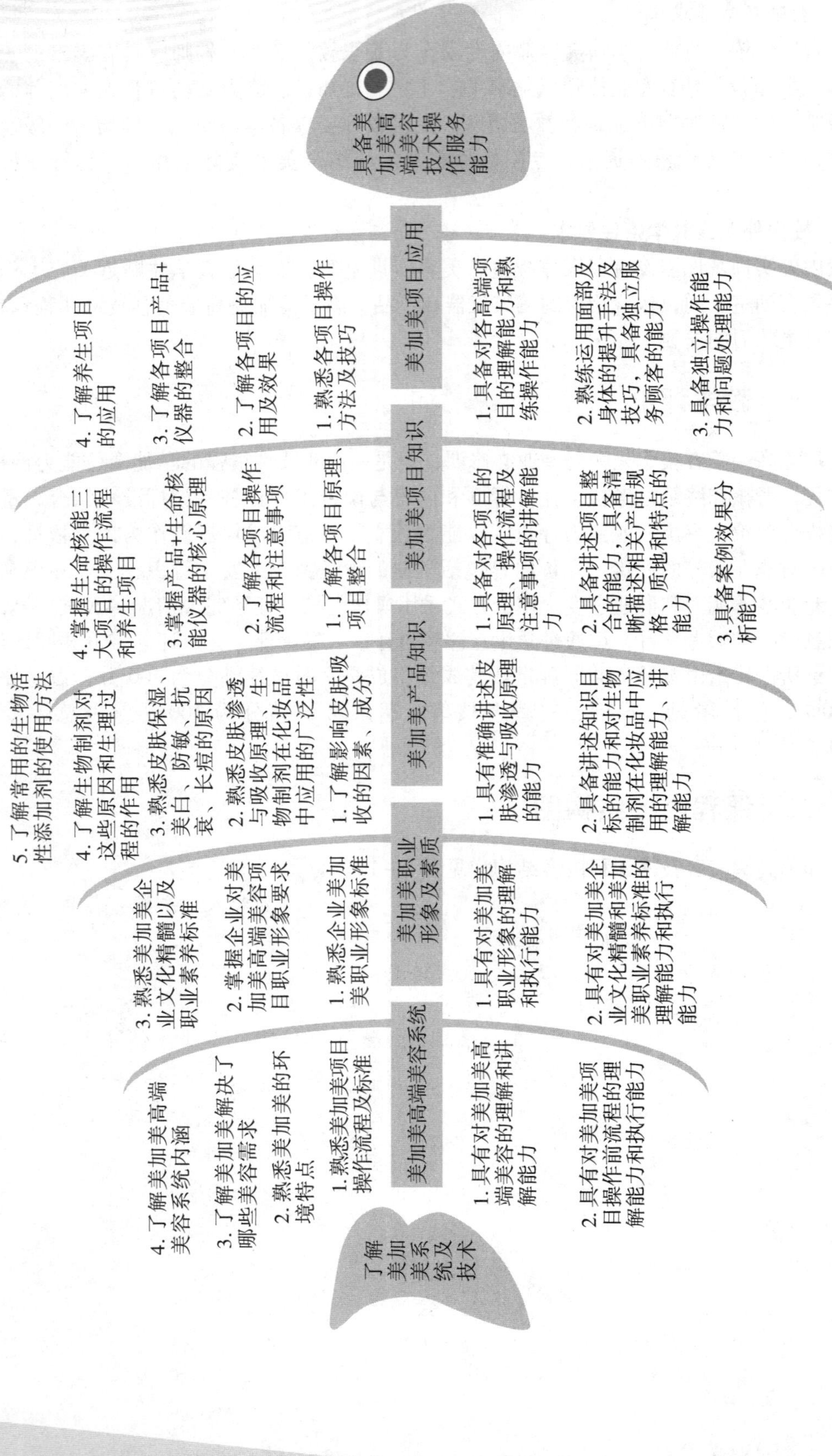

图 2-12　美加美高端美容技术课程内容结构图

学徒岗位能力课程：营销实务课程标准

一、课程名称

营销实务

二、适用专业及面向岗位

既适用于高职医学美容技术专业，又适用于化妆品营销专业、企业岗位能力培训。面向美容顾问、美容导师、美容讲师等销售岗位。

三、课程性质

本课程是基于美容行业营销岗位典型工作任务开发的课程，是一门以岗位核心能力培养为主线、实践性较强的专业必修课程，是面向美容销售岗位培养具备项目或产品销售、市场调查及规划能力的专业技术技能课程或学徒岗位能力课程。不同学制学生的基础不同、学习的难点各有侧重，因此采取不同的教学形式达成课程目标。二年制营销实务是专业技术技能课程，旨在强化学生的营销理论知识，三年制营销实务是学徒岗位能力课程，旨在强化学生营销实践能力培养。

四、课程设计

（一）设计思路

本课程以美容产品面对面销售的工作流程为主线，涉及从了解美容产品、邀约顾客到产品售出的销售全过程，以学生应具备的知识和能力为基础，即首先学习营销基本知识和基本能力训练，再以营销活动项目为导向，从活动策划、方案制定、活动启动等典型工作任务训练，提升学生的销售岗位营销能力。整个课程教学突出学生岗位能力培养，以“教、学、做一体”为主要的教学形式。

（二）内容组织

内容组织遵循学生的认知规律，以够用、实用为原则，将岗位能力要求应具备的知识和能力进行整合序化，走项目化技术路线。课程由产品（项目）培训、销售能力训练、产品（项目）销售、营销活动、市场规划及指导 5 个学习任务及若干典型工作任务组成。通过每一个学习任务的训练，学生学会产品（项目）销售，具备美容营销岗位综合能力。

五、课程教学目标

（一）认知目标

（1）了解价格策略、产品策略、促销渠道等知识。
（2）熟悉营销活动的流程及分工。
（3）熟悉跟单、压单的方法技巧。
（4）了解店务流程管理、员工管理、顾客管理、物品管理制度。
（5）熟悉营销方案制定及活动总结要素。

（二）能力目标

（1）具备产品（项目）销售、策划及推广能力。
（2）具备指导、督促加盟店或代理商执行营销方案的能力。
（3）具备市场调查、分析市场状态的能力。
（4）能够根据市场情况，整合厂家及代理商的资源，推动市场。
（5）能够指导代理商开展活动及活动情况管理。
（6）具备营销活动执行能力、指导能力。

（三）情感目标

（1）具有良好的职业道德和职业素养，诚信服务。
（2）具有良好的沟通能力和文字表达能力。
（3）具有产品使用责任安全意识。
（4）具备较强的观察能力和分析问题能力。

六、参考学时与学分

参考学时：二年制 72 学时，三年制 54 学时。
参考学分：二年制 4 学分，三年制 3 学分。

七、课程结构

营销实务课程结构及内容分析见表 2－13。

表 2－13　营销实务课程结构及内容分析

序号	学习任务（单元、模块）	对接典型工作任务及职业能力要求		知识、技能、态度要求	教学活动设计	学时（二年制/三年制）
1	产品（项目）培训	02－02 19－01 19－03 20－01 20－04	熟悉项目	1. 熟悉美容项目的品牌文化、产地、原理、成分。 2. 了解项目功效、疗程，正确搭配项目。 3. 了解项目适用人群、注意事项、禁忌。 4. 了解家居项目（口服、外用）、品牌文化、产地。 5. 熟悉家居产品原理、功效、成分。 6. 熟悉家居产品适用人群、注意事项、禁忌、使用方法	1. 案例导入：产品使用方法、注意事项。 2. 任务训练：介绍产品、解释产品功效、销售产品。 3. 总结	6/10
			熟悉产品	1. 熟悉产品（规格、价格、包装形式）。 2. 熟悉产品的适用人群、成分、功效、注意事项。 3. 熟悉产品的使用方法、产品搭配		
2	销售能力训练	14 15 16 M06－04 M06－05	客户分析	1. 分析消费（消费意识、消费潜力、消费倾向、消费类型）。 2. 分析性格（内向、温和、挑剔）、喜好、禁忌。 3. 分析消费力（入门、常客、贵宾、大客）。 4. 了解生活习惯（睡眠、运动、饮食）。 5. 了解满意度（效果、技术水平、服务细节及水平、价格、客情）	1. 案例导入。 2. 讲解要点。 3. 任务训练	12/8
			销售技巧	1. 产品策略（会员制、组合）。 2. 价格策略（定价、调价）。 3. 促销活动（广告、人员推销等）。 4. 销售渠道（直接、间接）		

续上表

<table>
<tr><th>序号</th><th>学习任务
（单元、模块）</th><th colspan="2">对接典型工作任务及职业能力要求</th><th>知识、技能、
态度要求</th><th>教学活动设计</th><th>学时
（二年制/
三年制）</th></tr>
<tr><td rowspan="3">3</td><td rowspan="3">产品（项目）销售</td><td rowspan="3">15
44</td><td>挖掘顾客需求</td><td>1. 熟悉邀约顾客（派单、微信、短信等），介绍产品、项目及优惠活动的技巧。
2. 能根据顾客需求、建议加单、开卡、购买产品。
3. 能向顾客推介新项目（销售/铺垫）、引导消费（刷卡、埋单）。
4. 能查阅顾客档案、分析需求。
5. 观察顾客皮肤，了解需求，引荐医生</td><td rowspan="3">1. 任务训练：拓客、寻找目标客户、营销。
2. 活动教学：组团队、定目标、推广产品和项目。
3. 活动总结：业绩分析、需求分析</td><td rowspan="3">20/16</td></tr>
<tr><td>拓客</td><td>1. 利用各种途径积极拓展外部客户。
2. 了解拓客方法，及时更新不同时期促销方案的资料。
3. 挖掘潜在客户</td></tr>
<tr><td>协助销售</td><td>1. 能够根据顾客皮肤情况、顾客需求而引荐医生。
2. 推广产品、推广项目。
3. 配合项目的深度开发：配合咨询师延伸营销，开发顾客消费潜力。
4. 配合咨询师院内互动营销</td></tr>
</table>

续上表

序号	学习任务（单元、模块）	对接典型工作任务及职业能力要求		知识、技能、态度要求	教学活动设计	学时（二年制/三年制）
4	营销活动	21－01 21－02 21－03 21－04 21－05 21－06 21－07	营销策划	1. 拟定活动目标。 2. 设计活动流程。 3. 制定活动方案。 4. 明确活动的具体内容。 5. 确定活动人员及人员分工。 6. 准备物料。 7. 确定活动时间、地点	1. 任务训练：设计活动、确定目标、组织活动。 2. 活动教学：执行方案、营销。 3. 活动总结：业绩分析、需求分析	12/8
			营销准备	1. 解释活动目标设定（业绩、成交率、普及率）。 2. 解释活动周期（活动具体时间、启动时间）。 3. 讨论并制定邀约奖励政策及成交奖励政策。 4. 准备培训产品、培训活动邀约话术，公布奖励政策		
			执行营销方案	1. 监督活动的执行情况（各环节）。 2. 询问活动宣传、邀请情况，查看场地、人员落实到位情况。 3. 营造促销氛围情况。 4. 营造培训活动氛围、走流程。 5. 邀约目标顾客。 6. 了解跟单技巧。 7. 了解压单技巧		
			营销总结反馈	1. 总结人员配合情况。 2. 分析业绩。 3. 分析目标顾客参与情况。 4. 收集并反馈店家情况。 5. 反馈活动执行情况。 6. 反馈店员配合情况，为以后的工作开展做铺垫		

续上表

<table>
<tr><th>序号</th><th>学习任务
(单元、模块)</th><th colspan="2">对接典型工作任务及职业能力要求</th><th>知识、技能、
态度要求</th><th>教学活动设计</th><th>学时
(二年制/
三年制)</th></tr>
<tr><td rowspan="3">5</td><td rowspan="3">市场规划及指导</td><td rowspan="3">22
23</td><td>市场调查</td><td>1. 了解市场状态（消费者、代理商、竞争者）。
2. 分析市场（代理商情况、资源）。
3. 根据市场情况，整合厂家及代理商的资源，推动市场</td><td rowspan="3">1. 问题导入：市场调查、市场分析。
2. 任务训练：组团队、小组讨论。
3. 总结：市场分析、目标定位</td><td rowspan="3">20/12</td></tr>
<tr><td>目标定位</td><td>1. 分析产品可行性。
2. 分析活动可行性。
3. 评估方案是否能推动。
4. 预测可能遇到的问题，研究解决的办法</td></tr>
<tr><td>市场指导</td><td>1. 指导代理商组建团队、带团队。
2. 指导开展活动及活动执行情况管理。
3. 分析加盟店的品牌运作情况。
4. 了解、分析加盟店的品牌运作情况，为进一步做规划提供参考</td></tr>
<tr><td colspan="6">机动</td><td>2/0</td></tr>
<tr><td colspan="6">合计</td><td>72/54</td></tr>
</table>

注：“对接典型工作任务及职业能力要求”栏目填写的职业能力编码与“附录 （一）医学美容技术专业职业能力分析表”的编码对应，“M”表示编码与“附录 （二）美加美高端美容技术岗位（群）能力分析表”对应。

八、资源开发与利用

（一）教材编写与使用

教材编写本着理论知识够用、适用，能力训练为核心的原则，收集企业营销活动方案、活动的图片、视频、销售现场案例等材料，按学习任务进行归类整理，编写成教材。教材体例突破传统的学科教材编写惯例，以任务训练、案例分享、知识链接、图片展示等形式多样、内容丰富的体例呈现，增加教材的可读性和趣味性。教材编写既能满足学生学习需求又符合教学要求。

（二）数字化资源开发与利用

网络教学平台共享教学课件、微课、视频等教学资源，链接行业企业相关信息平台，利用校企共同开发的学习软件、手机移动端进行在线学习，以及师生交流互动、答疑、知识考核评价等在线交流方式。在线交流互动有效提高了课外学习指导、任务训练等的学习效果。

（三）企业岗位培养资源的开发与利用

美容企业门店产品（项目）培训 PPT、营销活动资料、岗位一线营销案例分享等作为课程教学的宝贵资源，可用于课程教学及任务训练，能增加教学的趣味性，营造生动的学习氛围，提高教学效果。广告、案例等资料可上传在教学平台，供学生使用手机移动端学习，企业导师也可根据教学需要录制教学视频、编写教学讲义、制作微课等。

九、教学建议

本课程教学手段主要采用案例教学、任务训练、组建团队、实战训练等形式，突出学生岗位能力和职业素质的培养。任务训练与营销活动实际对接，能力训练深入浅出，教学设计围绕营销能力的培养。教学任务主要由企业导师担任，以“教、学、做一体”和工学交替为主要学习形式。课程考核评价包括结果考核和过程考核，结果考核以业绩占比较大。

十、课程实施条件

双导师的专业能力是课程实施的重要条件。学校导师必须熟悉美容行业及营销渠道，并有市场营销方面的专业教学能力。企业导师应具有销售岗位实践工作经验和销售培训能力。

十一、教学评价

教学评价由双导师共同评价，企业导师是评价的主体，评价方式有笔试、面试、任务考核等。评价过程采用过程评价与结果评价相结合、理论知识评价与实践技能评价相结合的综合评价方式。过程评价与结果评价均涵盖理论知识评价与业绩评价。过程评价应结合出勤、学习态度、实训成绩、能力训练数量及质量，注重方式的多样性，主要用于评价学生在完成学习任务过程中的学习态度、专业知识与技能学习情况及团队协作精神、交流沟通与解决问题能力等综合素质的养成情况。结果评价主要用于考核学生营销知识及技能的应用能力，可根据教学方法、模式运用的具体情况，采用专项、综合能力及理论实践一体化考核。

十二、课程内容结构图

营销实务课程内容结构详见图 2－13。

（撰稿人：谢碧霞、邓丽丽、曾锦涛）

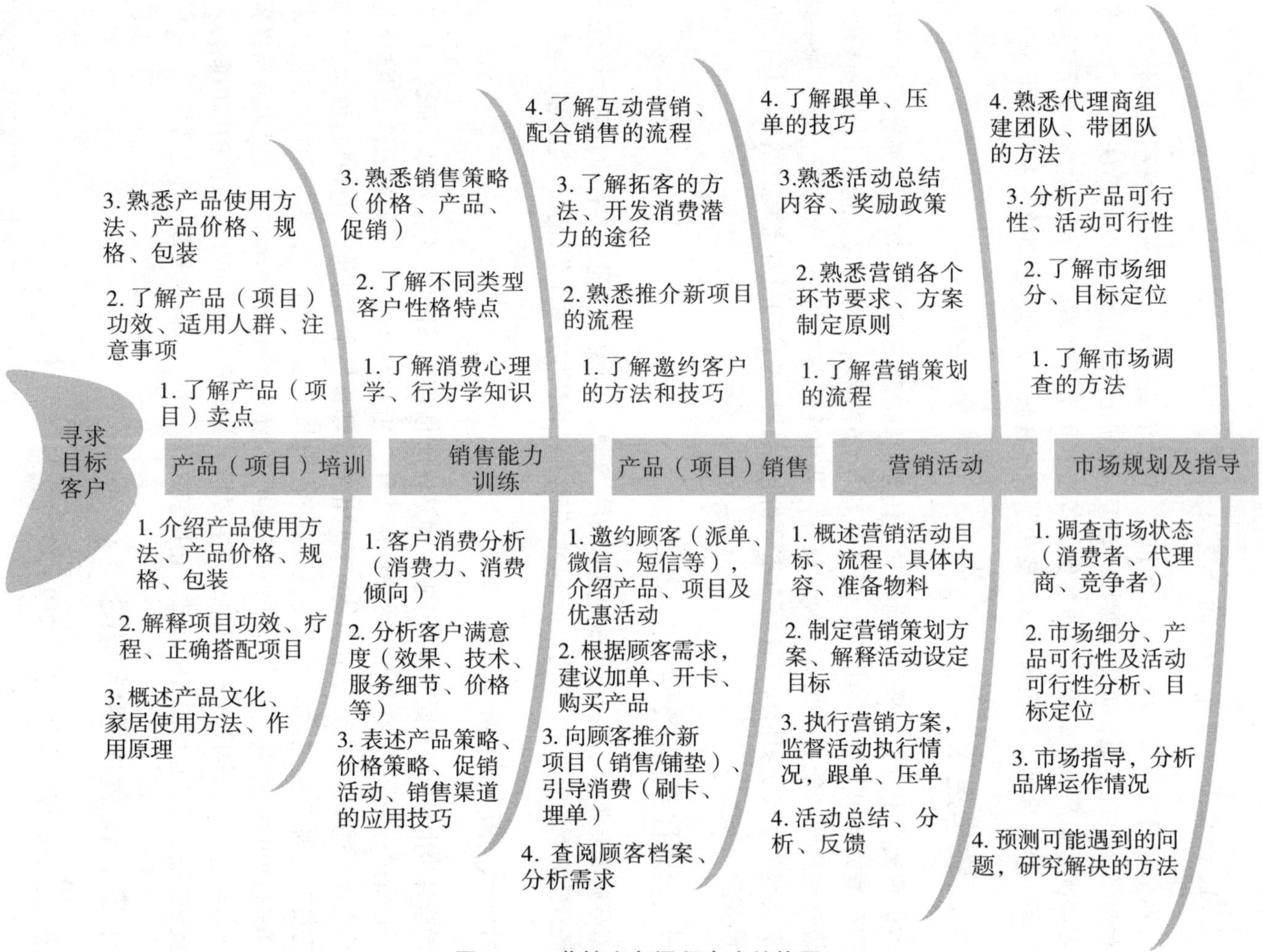

图 2-13 营销实务课程内容结构图

学徒岗位能力课程：产品销售培训课程标准

一、课程名称

产品销售培训

二、适用专业及面向岗位

既适用于高职医学美容技术专业，又适用于企业相关岗位的产品销售培训。面向美容行业的营销岗位、技术岗位。

三、课程性质

产品销售培训是高职医学美容技术专业的必修课程，是一门将化妆品学、皮肤学、生物技术、化妆品营销等多门学科综合应用的学徒岗位能力课程，主要强调美容专业线化妆品结构特点，单品、套盒的美容作用及应用，美容产品搭配方案制定等内容。培养学生熟悉美容专业产品知识及销售策略，能够正确、有效及灵活地选择与搭配美容产品，具备产品销售及产品培训能力，从而为顺利进入美容导师、美容顾问等岗位工作打下扎实的基础。

四、课程设计

（一）设计思路

本课程在设计上从学生发展的需求出发，通过学习任务及典型工作任务，帮助他们认识并正确使用美容专业线产品，具备化妆品营销意识，掌握美容专业线产品的营销方法。在教学方法设计上突出营销产品搭配及销售能力培养，通过教、学、演、练等方式从单纯传授知识向技能培养方向转变，利用互动式、参与式教学，提升学生在课堂中的主体地位，能充分利用岗位资源主动学习。

（二）内容组织

本课程内容依据美容专业线产品结构特点，组成美容专业线产品认知、美容专业线产品搭配方案、美容专业线产品销售、美容专业线产品销售培训 4 个学习任务及 10 个典型工作任务，每一学习任务依据专业线产品认知、产品搭配方案、产品营销技术提升训练三个阶段的认知规律进行安排。将专业线产品认知、产品搭配方案、产品项目组成方案和产品营销等分解到典型的工作中，实现学习任务与实际工作内容对接，让学生在完成工作任务的过程中学习相关知识，突出岗位技术技能综合能力的培养。

五、课程教学目标

（一）认知目标

（1）熟悉美容专业线化妆品的基本概念。
（2）掌握化妆品品名、品相特征及适用人群。
（3）掌握不同季节、不同年龄、不同肤质产品搭配及解决方案。
（4）掌握美容专业线产品营销技巧。
（5）熟悉营销活动流程及具体内容。

（二）能力目标

（1）具备对化妆品的理解和讲解能力。
（2）具备依据案例对化妆品进行合理搭配及使用的能力。
（3）具备美容专业线产品销售的能力。
（4）具备营销活动方案的沟通及执行能力。

（三）情感目标

（1）具备专业产品理念引导的服务意识。
（2）具有美容产品和项目使用的服务意识。
（3）不盲目夸大产品功效，尊重顾客。
（4）具有团队合作意识及较强的沟通协调能力。

六、参考学时与学分

参考学时：二年制 36 学时，三年制 36 学时。
参考学分：二年制 2 学分，三年制 2 学分。

七、课程结构

产品销售培训课程结构及内容分析见表 2－14。

表 2-14　产品销售培训课程结构及内容分析

<table>
<tr><th>序号</th><th>学习任务（单元、模块）</th><th colspan="2">对接典型工作任务及职业能力要求</th><th>知识、技能、态度要求</th><th>教学活动设计</th><th>学时（二年制/三年制）</th></tr>
<tr><td rowspan="3">1</td><td rowspan="3">美容专业线产品认知</td><td rowspan="3">20-01
20-03
20-04</td><td>认识单品</td><td>1. 认知美容专业线产品与日化线产品的区别。
2. 了解专业线单品品名、成分、品相。
3. 会正确使用专业线单品</td><td rowspan="3">1. 实物讲解。
2. 案例展示：图片、视频。
3. 学生宣讲。
4. 指导评价</td><td rowspan="3">10/10</td></tr>
<tr><td>认识套盒产品</td><td>1. 了解美容专业线套盒组合及操作流程。
2. 熟知美容专业线套盒产品（眼部护理套盒、养生项目套盒等）的功效及应用范围。
3. 了解套盒的品名、品相，会正确使用套盒产品</td></tr>
<tr><td>讲解产品</td><td>1. 讲解美容专业线产品与日化线产品的区别。
2. 正确理解并讲解美容专业线单品、套盒的组成、成分及功效。
3. 讲解常用套盒的使用流程及方法。
4. 针对产品使用方法及使用注意解释使用要点</td></tr>
</table>

续上表

序号	学习任务（单元、模块）	对接典型工作任务及职业能力要求		知识、技能、态度要求	教学活动设计	学时（二年制/三年制）
2	美容专业线产品搭配方案	19 20	产品搭配	1. 了解季节、年龄、肤质特点。 2. 掌握不同季节、不同年龄、不同肤质产品搭配及解决方案。 3. 具备对不同季节、不同年龄、不同肤质产品搭配的理解和讲解能力。 4. 具备制定解决方案的能力	1. 现场讲解。 2. 案例展示：图片、视频。 3. 操作演示。 4. 任务训练。 5. 指导评价	8/8
			产品选择	1. 掌握专业线产品选择的重要性和选择标准。 2. 根据美容行业化妆品品名、品相特点进行合理选择。 3. 能正确选用套盒并搭配单品		
			产品使用	1. 熟悉正确使用化妆品的理念。 2. 掌握正确使用化妆品的方法。 3. 具备对正确使用化妆品方法与理念的理解和讲解能力		
3	美容专业线产品销售	11 15 21	销售准备	1. 熟悉向顾客介绍产品的思路和流程。 2. 熟悉销售产品的内容（名称、规格、价格、包装形式）及方法。 3. 了解收集产品使用反馈信息的重要性。 4. 具备解释、演示产品的技巧（形体、语言表达、语速等）	1. 现场讲解。 2. 案例教学。 3. 任务训练。 4. 业绩分析。 5. 指导评价	10/10
			产品销售	1. 了解顾客美容需求。 2. 与顾客沟通、观察，收集产品使用情况及效果，便于调整产品搭配。 3. 能够处理或解决突发问题，有较强应变能力		

续上表

序号	学习任务（单元、模块）	对接典型工作任务及职业能力要求		知识、技能、态度要求	教学活动设计	学时（二年制/三年制）
4	美容专业线产品销售培训	11 15 21	熟悉活动方案	1. 熟悉产品营销活动方案（目标、流程及具体内容、人员分工、物料准备等）。 2. 能够与店家沟通活动方案，解释活动目标设定、活动周期、邀约奖励等具体要求。 3. 熟悉活动方案沟通的方法及重点。 4. 熟悉活动邀约话术及奖励规定	1. 情景教学。 2. 活动设计。 3. 案例讨论。 4. 活动总结	6/6
			执行活动方案	1. 与店家沟通活动方案，解释活动目标设定、活动周期、邀约奖励等。 2. 执行活动方案（跟单、压单、邀约目标客户等）。 3. 熟悉产品演示方法，用看、闻、抹、拍、摸等方法对比产品效果。 4. 分析业绩、收集店家情况、反馈活动执行情况		
机动						2/2
合计						36/36

注："对接典型工作任务及职业能力要求"栏目填写的职业能力编码与"附录　（一）医学美容技术专业职业能力分析表"的编码对应，"M"表示编码与"附录　（二）美加美高端美容技术岗位（群）能力分析表"对应。

八、资源开发与利用

（一）教材编写与使用

（1）在教学过程中，教师积极利用多媒体教学，拓宽学生视野、拓展学生的相关知识和能力。还应充分利用校外实习基地的作用，使教学与实践紧密联系，保持学习内容与岗位工作内容的一致性，提高学生的职业能力。

（2）教材选用遵循高职教育的原则与特点，根据医学美容技术培养要求与培养计划，选用符合医学美容技术专业教学发展总体思路、符合学生认知规律、能够与本专业的培养目标相吻合的教材。

（3）教学尽量充分发挥现代化信息技术的优势，利用开发的多媒体课件及运用云平台创设生动的学习环境，丰富网络资源，激发学生的学习兴趣，帮助学生理解和掌握知识，提高课堂教学的时间利用率。

九、教学建议

（1）本课程突出学生岗位能力和产品安全意识的职业素质培养。教学活动设计遵循学生认知规律，案例来源于岗位，具有真实性、典型性和代表性，教学任务主要由来自企业一线的导师承担。

（2）以工作过程导向、案例教学法调动学生参与互动、主动学习的积极性。教学内容设计应围绕技术能力培养和职业素养养成教育，体现教学过程与工作过程对接、教学内容与岗位能力标准要求对接。

（3）教学方法主要采用理论实践一体化、任务训练、情景教学、案例教学、现场教学、岗位实践等形式。其中案例教学、任务训练、现场教学、岗位实践主要用于本课程核心技术能力的培养，在岗学习以师带徒一对一形式进行带教。

十、课程实施条件

导师团队应具备医学教育背景，有美容行业一线产品研发设计、产品营销管理相关工作经验，熟悉本课程教学内容。产品品项结构完整，可满足学生操作项目训练要求。

1. 教师基本要求

依托行业建立一支知识、能力结构符合人才培养需求的专兼结合的“双师”素质课程教学团队。兼职教师应具有专业技师以上水平，可从美容业业内具有丰富的美容实践和教学经验技术专家和管理专家中聘请兼职教师。主讲教师应由具备本行业相关岗位丰富的产品营销工作经验及培训经验的企业导师担任，岗位一线技术骨干担任岗位实践带教师傅。

2. 校内外实践教学条件要求

校内实训基地需设有多媒体教室、美容实训室等，并配置美容仪器和产品等设施设备，以满足教学并贴近美容工作实际要求。实训室2间，包含与课程相对应的美容产品，满足示教、实训、自主练习的需要。

十一、教学评价

课程考核评价，采用过程考核和结果考核。评价标准和内容与岗位工作任务业绩考核标准相结合，考核评价内容突出岗位职业能力考核评价，以能否独立、规范完成产品运用为评价依据，同时突出对职业素养的评价。评价内容包括学徒的责任意识、安全意识、专业知识掌握情况、专业技术能力和职业态度。评价方式采用操作考核、任务完成情况、面试、笔试、客户满意度、绩效考核等，可通过学生互评和自评、双导师评、客户评等多方共同评价。各方评价所占比重由双导师共同确定。其组成是平时成绩满分为100分，占总评成绩的30%，包括考勤、提问、实践考核等；期末考试满分为100分，占总评成绩的70%。

十二、课程内容结构图

产品销售培训课程内容结构详见图2-14。

（撰稿人：叶秋玲、朱艳、吴曦）

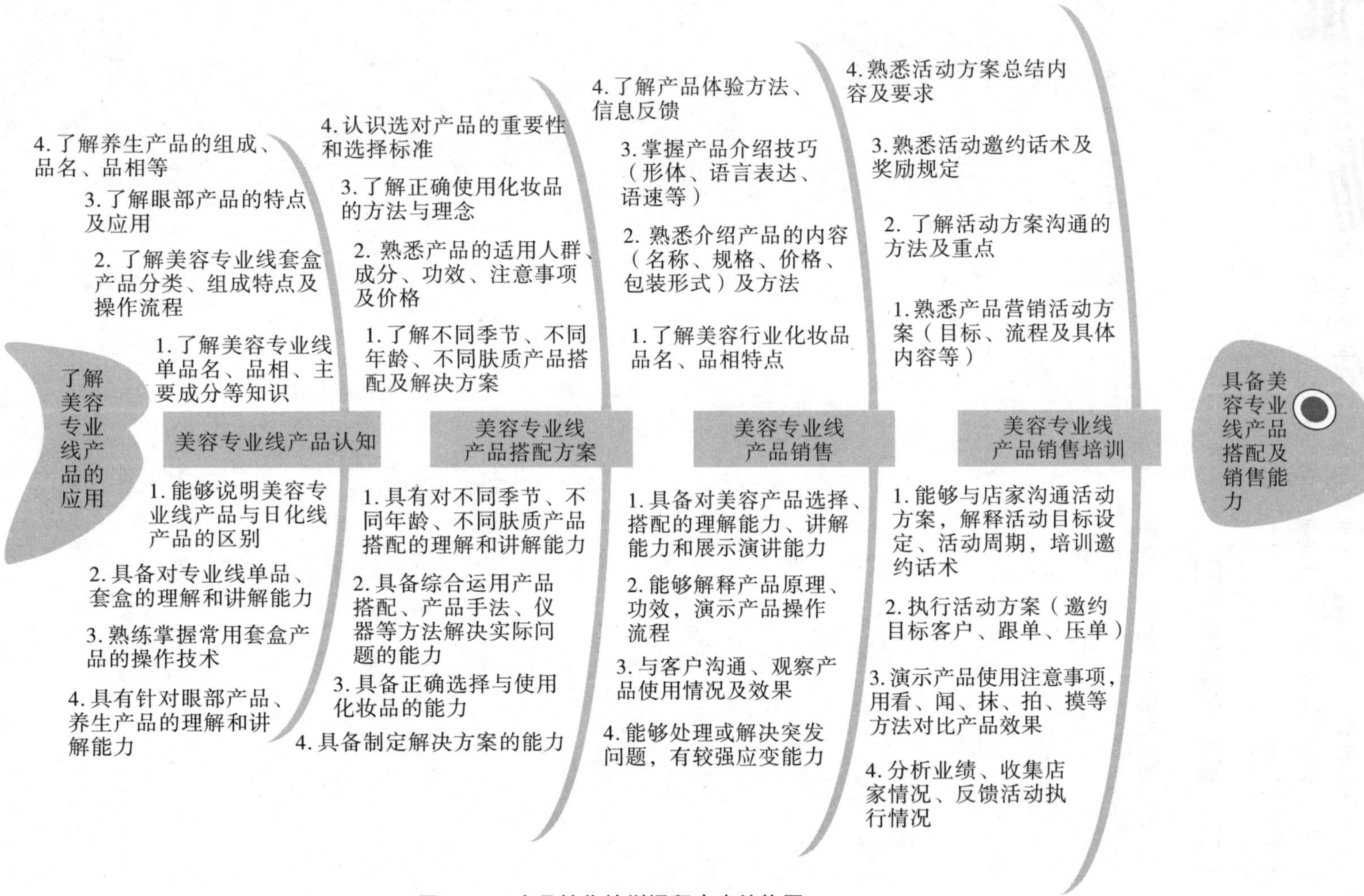

图 2-14　产品销售培训课程内容结构图

学徒岗位能力课程：声光电美容仪器使用与维护课程标准

一、课程名称

声光电美容仪器使用与维护

二、适用专业及面向岗位

既适用于高职二年制医学美容技术专业，又适用于岗位晋升培训。面向美加美高端美容技术岗位。

三、课程性质

本课程是美加美高端美容学徒岗位能力课程，也是一门技术性较强的专业必修课程，内容包括各种声光电仪器操作原理及功效，仪器操作流程及规范，光电类仪器（医疗版）、设备及耗材日常维护与管理等，使学生能够正确使用声波光电仪器并掌握相应项目操作流程和操作技巧，在美加美技术岗位和顾问岗位能够操作仪器，并进行仪器的日常管理与维护，为胜任美容新技术、术后跟进、术后教育等典型工作任务奠定专业基础。

四、课程设计

（一）设计思路

本课程以美加美高端美容技术岗位的能力要求为依据，确定课程目标，根据岗位工作过程中典型工作任务设计课程内容。课程内容组织既要考虑高科技美容技术及高端产品的学习对学生学习基础的要求，又要兼顾学生的安全性、可操作性，同时还要考虑到美容新技术应用的快速发展。将目前解决面部年轻化问题普遍采用的、技术成熟且安全有效的声光电高端美容项目，转化成学习任务，学习任务安排遵循学生的认知规律，通过教、学、演、练等方式，培养学生的安全责任意识，使之能够规范操作美加美高端美容项目。

（二）内容组织

本课程内容将仪器设备管理维护、各种光电仪器操作原理及功效、仪器设备的标准流程、制定项目产品及仪器培训计划、光电类仪器（医疗版）、仪器设备及耗材日常管理、学习新技术等内容整合成 7 个学习任务及 14 个典型工作任务。遵循声波光电仪器原理及功效、仪器设备的标准流程、声波光电仪器护后服务提升训练三个阶段的认知规律，将声光电美容仪器使用与维护的学习内容分解到典型工作任务中，使每一学习任务与实际工作内容对接，学生在完成工作任务的过程中学习相关知识，突出了岗位技术技能综合能力的培养，以任务训练等方式强化学生操作技术能力，让学生理解高科技美容仪器解决面部年轻化的作用原理。

五、课程教学目标

（一）认知目标

（1）了解各类声光电美容仪器维护保养标准。
（2）熟悉常用声光电美容仪器使用标准流程。
（3）熟悉各种声光电美容仪器的作用原理、功效。
（4）掌握术后皮肤反应、操作注意事项及操作禁忌。

（二）能力目标

（1）能够按高科技美容仪器管理标准，定期定时完成设备维护。
（2）能够规范使用常用光电类仪器。
（3）能够清晰说明术后注意事项与保护措施。
（4）能够按照各类治疗回访要求进行常规处理。
（5）能够根据不同问题皮肤选择不同功效的仪器。
（6）能够根据项目操作流程进行术前专业沟通。

（三）情感目标

（1）具有高度的责任意识和安全意识。
（2）具有良好沟通能力和解决问题的能力。
（3）工作有条理、细致认真、责任心强。
（4）具有成本控制意识。

六、参考学时与学分

参考学时：二年制 36 学时。
参考学分：二年制 2 学分。

七、课程结构

声光电美容仪器使用与维护课程结构及内容分析见表 2 – 15。

表 2－15　声光电美容仪器使用与维护课程结构及内容分析

<table>
<tr><th>序号</th><th>学习任务
（单元、模块）</th><th colspan="2">对接典型工作任务及
职业能力要求</th><th>知识、技能、
态度要求</th><th>教学活动设计</th><th>学时
（二年制）</th></tr>
<tr><td rowspan="2">1</td><td rowspan="2">仪器设备
管理维护</td><td rowspan="2">M04</td><td>仪器维护
与管理</td><td>1. 认识仪器维护的标准与流程。
2. 熟知仪器的使用与管理标准及规范。
3. 具备制定仪器管理标准及维护与管理能力</td><td rowspan="2">1. 现场讲授。
2. 案例展示：图片、视频。
3. 学生宣讲。
4. 提问与解答。
5. 情景模拟。
6. 操作练习。
7. 指导评价</td><td rowspan="2">2</td></tr>
<tr><td>仪器设备及
耗材日常维护</td><td>1. 熟悉仪器使用管理、仪器耗材登记管理的要求。
2. 熟悉仪器使用消毒、日常维护要求。
3. 具备仪器设备日常维护管理的能力</td></tr>
<tr><td rowspan="2">2</td><td rowspan="2">声光电美容
仪器认知</td><td rowspan="2">M03
M10</td><td>了解仪器
美容原理</td><td>1. 了解仪器分类。
2. 熟悉仪器操作原理及功效。
3. 熟悉各种声光电美容仪器的适用人群。
4. 熟悉各种声光电美容仪器的操作注意事项及操作禁忌。
5. 具备仪器美容的理解和讲解能力</td><td rowspan="2">1. 现场讲授。
2. 案例展示：图片、视频。
3. 学生宣讲。
4. 提问与解答。
5. 情景模拟。
6. 操作练习。
7. 指导评价</td><td rowspan="2">4</td></tr>
<tr><td>了解仪器设备
的标准流程</td><td>1. 了解仪器的产地、原理、获得的认证等，并与顾客沟通。
2. 了解仪器的操作流程，在操作过程中边操作边解说。
3. 了解仪器使用禁忌，安全操作。
4. 具备仪器操作流程讲解能力</td></tr>
</table>

续上表

序号	学习任务（单元、模块）	对接典型工作任务及职业能力要求		知识、技能、态度要求	教学活动设计	学时（二年制）
3	光电类仪器（医疗版）操作使用	32	操作准备	1. 根据皮肤问题选择治疗的仪器、调节能量参数。 2. 熟悉仪器使用登记、用后整理、归位管理的标准。 3. 了解用物用品检查、消毒要求、操作步骤	1. 现场讲授。 2. 案例展示：图片、视频。 3. 学生宣讲。 4. 提问与解答。 5. 情景模拟。 6. 操作练习。 7. 指导评价	14
			仪器操作	1. 熟悉皮肤病征肤质、各类皮肤问题的成因与判断的相关知识。 2. 熟悉仪器操作方法、步骤，规范操作。 3. 掌握仪器护理后注意事项、术后处理及护理建议。 4. 具备仪器操作使用相关事项的操作能力和讲解能力		
4	仪器品项制定与培训	M15	制定项目产品仪器方案	1. 了解项目产品培训内容（分类、价格、品牌理念、特有成分、功效、适合人群）。 2. 熟悉项目产品的售后服务话术、项目和产品培训考核管理。 3. 掌握培训流程及内容设计要求、仪器培训岗位考核标准及试题制定。 4. 制定项目产品及仪器培训方案	1. 现场讲授。 2. 案例展示：图片、视频。 3. 学生宣讲。 4. 提问与解答。 5. 情景模拟。 6. 操作练习。 7. 指导评价	6
			实施品项仪器培训计划	1. 具备项目、品项、仪器的理解能力、资料编写及讲解能力。 2. 掌握仪器培训讲授内容（仪器的性能、价格、专利技术、功效、适合人群、售后服务标准、维修管理标准、售后服务话术）。 3. 掌握仪器培训岗位考核标准及试题制定。 4. 具备仪器培训的能力		

续上表

<table>
<tr><th>序号</th><th>学习任务（单元、模块）</th><th colspan="2">对接典型工作任务及职业能力要求</th><th>知识、技能、态度要求</th><th>教学活动设计</th><th>学时（二年制）</th></tr>
<tr><td rowspan="2">5</td><td rowspan="2">术后回访与问题处理</td><td rowspan="2">33
47－04
48－01</td><td>术后回访</td><td>1. 掌握电话、微信回访的标准话术。
2. 掌握术后一周内每日跟进大项目（紧肤）术后反应、变化（肿胀、红肿、刺痛等）的方式技巧。
3. 掌握三七二十一回访日做回访工作的方式技巧。
4. 具备护理项目护后修复养护讲解能力</td><td rowspan="2">1. 现场讲授。
2. 案例展示：图片、视频。
3. 学生宣讲。
4. 提问与解答。
5. 情景模拟。
6. 操作练习。
7. 指导评价</td><td rowspan="2">6</td></tr>
<tr><td>术后问题处理</td><td>1. 掌握术后反应较重（水泡、色沉、色脱等）的处理方法。
2. 掌握术后特殊反应情况的处理方法。
3. 掌握术后一周内每日跟进大项目（紧肤）术后反应、变化（肿胀、红肿、刺痛等）问题的处理方法。
4. 具备指导冰敷、使用补水面膜、湿敷、使用口服药物、使用修复产品的能力和讲解能力</td></tr>
</table>

续上表

序号	学习任务（单元、模块）	对接典型工作任务及职业能力要求		知识、技能、态度要求	教学活动设计	学时（二年制）
6	术后教育	34	注意事项与保护措施（口头指导）	1. 掌握指导术后皮肤补水话术。 2. 掌握指导术后皮肤防晒话术。 3. 掌握术后提醒告知的话术。 4. 熟悉术后有可能出现的异常情况的话术。 5. 熟悉术后一周皮肤变化情况、提醒下次治疗时间的话术。 6. 掌握详细说明术后注意事项、护理要点及治疗部位正常反应的话术。 7. 具备术后教育相关话术的理解及讲解能力	1. 现场讲授。 2. 案例展示：图片、视频。 3. 学生宣讲。 4. 提问与解答。 5. 情景模拟。 6. 操作练习。 7. 指导评价	2
			注意事项册（书面指导）	1. 掌握术后皮肤补水护理建议的书写要点。 2. 掌握术后皮肤防晒建议的书写要点。 3. 掌握术后提醒告知内容的书写要点。 4. 熟悉术后有可能出现的异常情况的书写要点。 5. 具备术后一周皮肤变化情况记录能力。 6. 掌握术后注意事项、护理要点及治疗部位正常反应的书写要点。 7. 具备术后教育相关表格书写内容的理解及讲解能力		

续上表

<table>
<tr><th>序号</th><th>学习任务
（单元、模块）</th><th colspan="2">对接典型工作任务及
职业能力要求</th><th>知识、技能、
态度要求</th><th>教学活动设计</th><th>学时
（二年制）</th></tr>
<tr><td rowspan="2">7</td><td rowspan="2">学习新技术</td><td rowspan="2">02－02
08
48－04
48－09</td><td>理论培训</td><td>1. 掌握仪器（新）原理、适用人群。
2. 熟悉仪器类的品牌文化、产地、原理、功效。
3. 具备仪器理论培训的理解及讲解能力</td><td rowspan="2">1. 现场讲授。
2. 案例展示：图片、视频。
3. 学生宣讲。
4. 提问与解答。
5. 情景模拟。
6. 操作练习。
7. 指导评价</td><td rowspan="2">2</td></tr>
<tr><td>技能培训</td><td>1. 掌握仪器（新）原理、适用人群、安装、使用操作流程与标准。
2. 掌握品项与仪器搭配使用的操作流程与规范。
3. 具备品项仪器流程操作演示与讲授能力</td></tr>
<tr><td colspan="6">合计</td><td>36</td></tr>
</table>

注：“对接典型工作任务及职业能力要求”栏目填写的职业能力编码与“附录　（一）医学美容技术专业职业能力分析表”的编码对应，“M”表示编码与“附录　（二）美加美高端美容技术岗位（群）能力分析表”对应。

八、资源开发与利用

（一）教材编写与使用

（1）基于本专业职业岗位（群）技术发展和职业岗位能力相关要求，结合学徒目标岗位的典型工作任务要求，选用与医学美容技术专业培养目标相吻合的教材。

（2）教材内容突出“技术核心、能力本位”的职业教育思想，遵循学生认知规律，以仪器使用、维护与管理工作任务为主线，仪器基本操作规范及流程为基础，按学习任务和工作流程构建教材体系，教学内容与工作内容紧密结合，展示真实工作环境、用物用品，内容丰富，体现岗位课程特征，适合学生岗位培养、任务训练的教学组织形式，也适合在线学习、自主学习的学习形式。

（二）数字化资源开发与利用

集中学习并利用案例、图片、视频、教学资料、微课等教学资源，岗位实践可利用校企共同开发的学习软件和手机移动端进行在线学习、答疑、知识考核评价等。

（三）企业岗位培养资源的开发与利用

将仪器使用效果对比图片、视频等素材，顾客评价与反馈，服务流程跟进、投诉处理的典型案例资料，整理汇编为自编教材和教学案例。根据教学需要录制教学视频、编写教学讲义、制作微课等。

九、教学建议

本课程教学采用案例教学、现场教学、角色扮演、岗位实践等形式，突出学生岗位能力和职业素质的培养。任务设计遵循学生认知规律，案例真实有代表性，教学任务主要由企业导师担任，学校导师协助完成。

（1）采用项目导向、任务驱动教学法调动学生参与互动、主动学习的积极性。教学活动设计应围绕仪器操作技术能力培养，将责任意识和安全意识培养融入全课程的学习任务。体现教学过程与工作过程对接、教学内容与岗位能力标准要求对接，采用任务训练、体验式学习、情景教学、岗位学习等教学模式。

（2）在企业工作岗位，以项目培训、一对一师带徒等形式完成本课程核心技术能力的训练和培养目标。

十、课程实施条件

导师团队应具有医学教育背景，有美容行业一线技术操作岗位相关工作经验，熟悉本课程教学内容，导师数量能满足教学要求。仪器设备先进，设施齐全，可满足学生操作项目训练要求。

十一、教学评价

学业评价采用多元评价方式，评价标准和评价内容体现学生课程的特征，重视学习过程性评价，突出职业能力评价。主要考核学生能否独立、规范地完成仪器操作，同时要突出对职业素养的评价，评价内容重点关注学生的责任意识、安全意识、专业知识掌握情况、专业技术能力和职业态度。采用操作考核、任务完成情况、面试、笔试、客户满意度、绩效考核等评价方式，通过学生互评和学生自评、双导师评价、客户评价完成考核评价。

十二、课程内容结构图

声光电美容仪器使用与维护课程内容结构详见图 2－15。

（撰稿人：申泽宇、龚磊、吴琼）

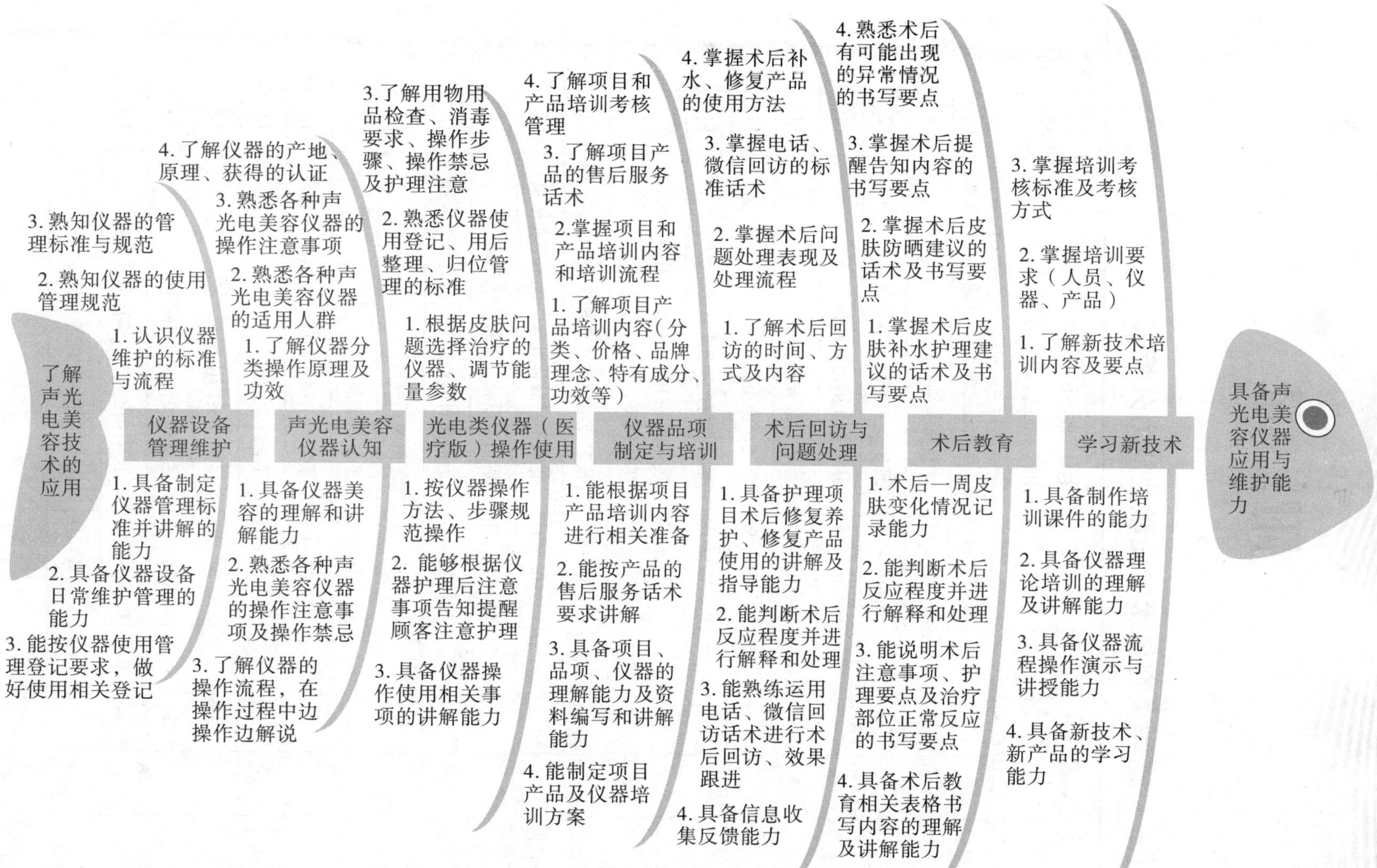

图 2-15　声光电美容仪器使用与维护课程内容结构图

附 录

（一）医学美容技术专业职业能力分析表

工作项目	工作任务	职业能力（知识、技能、态度要求）		学习水平 中职 Li	学习水平 高职 Lj
01 认同企业	01－01 了解企业文化	01－01－01	了解企业组织架构、规模、发展规划	L1	L1
01 认同企业	01－01 了解企业文化	01－01－02	了解企业价值观	L1	L1
01 认同企业	01－01 了解企业文化	01－01－03	理解企业使命、愿景	L2	L2
01 认同企业	01－01 了解企业文化	01－01－04	培养企业的团队精神	L1	L1
01 认同企业	01－01 了解企业文化	01－01－05	理解人文关怀	L1	L1
01 认同企业	01－01 了解企业文化	01－01－06	概述企业历史	L1	L1
01 认同企业	01－02 熟悉礼仪规范	01－02－01	培养良好的职业行为规范	L1	L1
01 认同企业	01－02 熟悉礼仪规范	01－02－02	展示标准服务规范（姿势、引领、眼神、微笑）	L1	L1
01 认同企业	01－02 熟悉礼仪规范	01－02－03	按职业形象要求整理仪表、仪容	L1	L1
01 认同企业	01－02 熟悉礼仪规范	01－02－04	正确使用肢体礼仪，展示企业形象	L1	L1
01 认同企业	01－02 熟悉礼仪规范	01－02－05	运用电话礼仪进行有效沟通	L2	L2
01 认同企业	01－02 熟悉礼仪规范	01－02－06	运用面对面沟通礼仪进行有效沟通	L3	L2
01 认同企业	01－03 了解员工福利	01－03－01	了解奖罚制度	L1	L3
01 认同企业	01－03 了解员工福利	01－03－02	了解薪酬制度	L1	L1
01 认同企业	01－03 了解员工福利	01－03－03	了解员工福利制度	L1	L1
01 认同企业	01－03 了解员工福利	01－03－04	了解休假制度	L1	L1
01 认同企业	01－04 了解岗位职责	01－04－01	了解相关岗位职责	L2	L2
01 认同企业	01－04 了解岗位职责	01－04－02	了解相关岗位任职资格	L3	L3
01 认同企业	01－04 了解岗位职责	01－04－03	了解岗位具体工作任务及要求	L3	L3
01 认同企业	01－04 了解岗位职责	01－04－04	了解工作岗位绩效目标	L3	L3

续上表

<table>
<tr><th rowspan="3" colspan="2">工作项目</th><th rowspan="3" colspan="2">工作任务</th><th rowspan="3" colspan="2">职业能力
（知识、技能、态度要求）</th><th colspan="2">学习水平</th></tr>
<tr><th>中职</th><th>高职</th></tr>
<tr><th>Li</th><th>Lj</th></tr>
<tr><td rowspan="22">02</td><td rowspan="22">入职培训</td><td rowspan="9">02－01</td><td rowspan="9">熟悉会所工作流程</td><td>02－01－01</td><td>熟悉美容轮排流程</td><td>L1</td><td>L1</td></tr>
<tr><td>02－01－02</td><td>熟悉用物（毛巾、工具等）消毒流程</td><td>L1</td><td>L1</td></tr>
<tr><td>02－01－03</td><td>熟悉推介新项目流程并配合推介新项目</td><td>L1</td><td>L1</td></tr>
<tr><td>02－01－04</td><td>熟悉护理中加单流程并推介加单</td><td>L2</td><td>L2</td></tr>
<tr><td>02－01－05</td><td>熟悉客户投诉处理流程</td><td>L3</td><td>L3</td></tr>
<tr><td>02－01－06</td><td>熟悉异常情况（过敏、烫伤肌肤）处理流程</td><td>L2</td><td>L2</td></tr>
<tr><td>02－01－07</td><td>熟悉会所客户服务全流程</td><td>L2</td><td>L2</td></tr>
<tr><td>02－01－08</td><td>熟悉活动邀约客户流程</td><td>L1</td><td>L1</td></tr>
<tr><td>02－01－09</td><td>了解企业各类活动流程</td><td>L1</td><td>L1</td></tr>
<tr><td rowspan="11">02－02</td><td rowspan="11">项目理论培训</td><td>02－02－01</td><td>概述护理产品的品牌文化、产地、原理、成分</td><td>L1</td><td>L1</td></tr>
<tr><td>02－02－02</td><td>解释护理产品功效、疗程、正确搭配项目</td><td>L3</td><td>L3</td></tr>
<tr><td>02－02－03</td><td>总结护理产品适用人群、注意事项、禁忌</td><td>L2</td><td>L2</td></tr>
<tr><td>02－02－04</td><td>了解家居产品（口服、外用）品牌文化、产地</td><td>L3</td><td>L3</td></tr>
<tr><td>02－02－05</td><td>解释家居产品原理、功效、成分</td><td>L3</td><td>L3</td></tr>
<tr><td>02－02－06</td><td>熟悉家居产品适用人群、注意事项、禁忌、使用方法</td><td>L2</td><td>L2</td></tr>
<tr><td>02－02－07</td><td>理解项目及产品售后服务</td><td>L2</td><td>L2</td></tr>
<tr><td>02－02－08</td><td>理解仪器类的品牌文化、产地、原理、功效</td><td>L2</td><td>L2</td></tr>
<tr><td>02－02－09</td><td>概述仪器配件、仪器保养维护</td><td>L1</td><td>L1</td></tr>
<tr><td>02－02－10</td><td>概述仪器适用人群、注意事项、禁忌</td><td>L2</td><td>L2</td></tr>
<tr><td>02－02－11</td><td>概述仪器售后服务</td><td>L1</td><td>L1</td></tr>
<tr><td rowspan="2">02－03</td><td rowspan="2">了解操作手法</td><td>02－03－01</td><td>熟悉项目按摩手法（动作）</td><td>L1</td><td>L1</td></tr>
<tr><td>02－03－02</td><td>按项目步骤、手法顺序操作</td><td>L1</td><td>L1</td></tr>
</table>

续上表

工作项目		工作任务		职业能力（知识、技能、态度要求）		学习水平 中职 Li	学习水平 高职 Lj
				02－03－03	使用按摩用力方法、速度、技巧进行操作	L1	L1
				02－03－04	体验按摩手法、效果对比	L1	L1
		02－04	了解仪器操作	02－04－01	使用仪器（登记、开机、调试）	L2	L1
				02－04－02	按仪器操作步骤、方法、速度、技巧进行操作	L2	L1
				02－04－03	体验仪器操作感受、效果对比	L2	L1
				02－04－04	仪器用后整理（关机、清洁、归位）	L2	L1
		02－05	熟悉接待流程	02－05－01	操作前准备、迎接顾客	L1	L1
				02－05－02	安排项目	L1	L1
				02－05－03	按项目服务流程操作	L1	L1
				02－05－04	签单结算	L1	L1
				02－05－05	下次订位、欢送顾客、操作后房间整理	L1	L1
		02－06	了解服务话术	02－06－01	使用接待话术	L1	L1
				02－06－02	使用预约话术	L2	L2
				02－06－03	使用操作话术（步骤说明）	L1	L1
				02－06－04	使用专业话术（专业沟通）	L2	L2
				02－06－05	使用销售话术	L3	L3
				02－06－06	使用售后跟进话术	L2	L2
		02－07	熟悉项目	02－07－01	查看项目单（了解顾客基本情况、服务项目、到店时间）	L1	L1
				02－07－02	准备房间（温度、灯光、音乐、床位、仪器准备）	L1	L1
				02－07－03	领取配料（使用的工具、产品、仪器配件）	L1	L1
				02－07－04	协助顾客准备（更衣、物品保管、沐浴）	L1	L1
				02－07－05	项目技术操作（操作程序、用品、用量、用时）	L1	L1
				02－07－06	操作结束整理	L1	L1

续上表

工作项目		工作任务		职业能力（知识、技能、态度要求）		学习水平 中职 Li	学习水平 高职 Lj
03	熟悉项目及操作流程	03－01	头部按摩	03－01－01	熟练按摩手法：揉法、按法、弹法、击法、按揉复合手法	L1	L1
				03－01－02	按手法步骤（套路）操作	L1	L1
				03－01－03	按用力技巧、速度操作	L1	L1
				03－01－04	体验头部按摩感受、效果对比	L1	L1
		03－02	面部专业护理及话术	03－02－01	准备用物（毛巾、产品、工具），准备房间	L1	L1
				03－02－02	使用酒精或免洗消毒液消毒双手	L1	L1
				03－02－03	选择眼部卸妆用品（卸妆液/卸妆乳/卸妆油）	L1	L1
				03－02－04	按眼部卸妆用力方法、速度、手法步骤操作	L2	L2
				03－02－05	熟练运用眼部卸妆规范手法及手法技巧	L3	L3
				03－02－06	选择唇部卸妆用品（卸妆液/卸妆乳/卸妆油）	L1	L1
				03－02－07	按唇部卸妆用力方法、速度、手法步骤操作	L1	L1
				03－02－08	熟练运用唇部卸妆规范手法及手法技巧	L2	L2
				03－02－09	正确使用面部卸妆手法及产品（卸妆液/卸妆乳/卸妆油）	L1	L1
				03－02－10	按面部卸妆用力方法、速度、手法步骤操作	L1	L1
				03－02－11	熟练运用面部卸妆手法技巧规范操作	L2	L2
				03－02－12	观察皮肤特征，触摸皮肤弹性，判断皮肤类型	L2	L2
				03－02－13	正确选用面部清洁用品（洗面奶/洁面乳/洁面霜）	L1	L1
				03－02－14	按照面部清洁用力方法、速度、手法步骤操作	L1	L1
				03－02－15	熟练运用面部清洁规范手法及手法技巧操作	L2	L2

续上表

工作项目		工作任务		职业能力（知识、技能、态度要求）		学习水平 中职 Li	学习水平 高职 Lj
				03-02-16	体验面部清洁感受、效果对比（看、摸）	L1	L1
				03-02-17	用规范手法拍/涂爽肤水	L1	L1
				03-02-18	用修眉工具（剃、刮、剪、拔）修整眉形	L1	L1
				03-02-19	用物理（针清）或化学方法（产品）去黑头	L1	L1
				03-02-20	正确选用面部按摩介质（按摩膏/按摩乳等）	L1	L1
				03-02-21	按照面部按摩原则、手法要求（柔软、服帖、连贯、持久、均匀）、手法步骤规范操作	L2	L2
				03-02-22	熟练运用按摩用力方法、速度、技巧	L3	L3
				03-02-23	点穴位（定位准确、单侧不少于12个，按轻—重—轻节奏施力、力度适中）	L1	L1
				03-02-24	使用仪器导入精华	L1	L1
				03-02-25	敷膜（面膜取量和加水适量，厚薄均匀、光滑、边缘整齐、周边无污染）	L1	L1
				03-02-26	用规范手法涂眼霜、面霜、防晒霜	L1	L1
				03-02-27	选用刮痧/拨筋工具，按操作手法、步骤、速度、技巧要求进行面部刮痧/拨筋	L2	L2
				03-02-28	熟练运用刮痧/拨筋工具及手法技巧	L3	L3
		03-03	肩颈护理及话术	03-03-01	练习肩部按摩手法（动作），按手法步骤、用力方法、速度、技巧要求规范操作	L2	L2
				03-03-02	熟悉常用穴位定位及取穴方法（肩井、大椎、风府、风池、肩贞、天宗、肩中俞、肩外俞、翳风、肩髎、臑俞）	L2	L1

续上表

工作项目		工作任务		职业能力（知识、技能、态度要求）		学习水平 中职 Li	学习水平 高职 Lj
				03 - 03 - 03	熟悉护理流程及诊断（问诊、望诊、触诊），问诊：疼痛（程度、部位、时间、类型）、诱因（姿势、职业病、生活习惯）、既往史	L3	L2
				03 - 03 - 04	望诊：简易面诊（面色、黑眼圈）、望肩颈（是否对称、生理弯曲是否正常）、望走姿、望皮肤	L3	L2
				03 - 03 - 05	触诊：沿体表（肩颈部）经络、穴位、经筋、皮部进行推、按、压拨等手法查痛症（硬块、结节、松紧度）	L2	L2
				03 - 03 - 06	手法按摩感受、效果对比（问）	L1	L1
		03 - 04	胸部护理及话术	03 - 04 - 01	练习胸部按摩手法（动作），按手法步骤、用力方法、速度、技巧要求规范操作	L2	L1
				03 - 04 - 02	熟悉常用穴位定位及取穴方法（膻中、气户、膺窗、屋翳、库房、天溪、灵墟、神封、乳中、乳根、中府）	L2	L1
				03 - 04 - 03	熟悉护理流程及诊断（问诊、望诊、触诊），问诊：疼痛（程度、部位、时间、类型）、诱因（姿势、生活习惯、内衣选择和使用、产后）、既往史（手术史、家族史）	L3	L2
				03 - 04 - 04	望诊：腋下皮肤颜色及淋巴、乳头是否凹陷、乳晕颜色、乳房形状形态（外扩、下垂干扁）	L3	L2
				03 - 04 - 05	触诊：乳腺触诊手法查痛症（胸部的柔软程度、弹性、结节）	L2	L2
				03 - 04 - 06	体验手法按摩感受、效果对比	L2	L2
		03 - 05	肠胃保养及话术	03 - 05 - 01	练习腹部手法（动作），按手法步骤、用力方法、速度、技巧要求规范操作	L2	L1

续上表

工作项目		工作任务		职业能力（知识、技能、态度要求）		学习水平 中职 Li	学习水平 高职 Lj
				03－05－02	熟悉常用穴位定位及取穴方法（中脘、下脘、建里、天枢、足三里、丰隆、梁丘、脾俞、胃俞、梁门、归来、幽门、石关、肓俞、气穴、大赫、大横）	L2	L1
				03－05－03	熟悉护理流程及诊断（问诊、望诊、触诊），问诊：二便、饮食、生活习惯、自觉症状、既往史	L3	L2
				03－05－04	望诊：腹部形态、肌肉是否松弛、简易面诊（眼睑是否水肿、精神状态）、舌诊（是否肥厚、齿痕）	L2	L2
				03－05－05	触诊：腹部触诊手法查痛症、结节、痛点、胀气	L2	L2
				03－05－06	手法按摩感受、效果对比	L2	L2
		03－06	臀部护理	03－06－01	练习臀部护理手法（动作），按手法步骤、用力方法、速度、技巧要求规范操作	L2	L2
				03－06－02	熟悉常用穴位定位及取穴方法（环跳、居髎、承扶、八髎、长强、命门）	L2	L1
				03－06－03	熟悉护理流程及诊断（问诊、望诊、触诊），问诊：运动、生活习惯、职业、生育史	L2	L1
				03－06－04	望诊：臀部形态（下垂、松弛紧实）、颜色、是否长痘、横纹	L2	L1
				03－06－05	触诊：臀部触诊手法查痛症	L2	L1
				03－06－06	臀部护理操作流程、效果对比	L2	L1
		03－07	手部护理及话术	03－07－01	练习手部护理手法（动作），按手法步骤、用力方法、速度、技巧要求规范操作	L2	L1
				03－07－02	熟悉常用穴位定位及取穴方法（合谷、阳溪、曲池、臂臑、肩髃、阳谷、小海、肩贞、臑俞、天宗、肩外俞、肩中俞、阳池、外关、臑会、肩髎）	L2	L1

续上表

工作项目		工作任务		职业能力（知识、技能、态度要求）		学习水平 中职 Li	学习水平 高职 Lj
				03－07－03	熟悉护理流程及诊断（问诊、望诊、触诊），问诊：疼痛（程度、部位、时间、类型）、诱因（姿势、生活习惯）、既往史（手术史）	L2	L1
				03－07－04	望诊：形态、皮肤、肌肉松紧程度	L2	L1
				03－07－05	触诊：沿体表（上肢）经络、穴位、经筋、皮部进行推、按、压拨等手法查痛症	L2	L1
				03－07－06	手部护理操作流程、效果对比	L1	L1
		03－08	腿部护理及话术	03－08－01	练习腿部护理手法（动作），按手法步骤、用力方法、速度、技巧要求规范操作	L2	L1
				03－08－02	熟悉常用穴位定位及取穴方法（委中、足三里、委阳、承山、昆仑、蠡沟、中都、膝关、曲泉、阴包、足五里、风市、中渎、膝阳关、阳陵泉）	L2	L1
				03－08－03	熟悉护理流程及诊断（问诊、望诊、触诊），问诊：运动习惯、姿势、既往史、生活习惯（久坐、二郎腿）	L2	L1
				03－08－04	望诊：简易面诊、手诊、舌诊、腿部形状、是否水肿、静脉曲张、皮肤（毛孔）	L2	L1
				03－08－05	触诊：沿体表（腿部）经络、穴位、经筋、皮部进行推、按、压拨等手法查痛症、肌肉的松弛度	L1	L1
				03－08－06	腿部护理操作流程、感受、效果对比	L1	L1
		03－09	推经络	03－09－01	按任督脉及十二经络体表循按手法、步骤操作	L2	L2
				03－09－02	运用经络循按手法技巧、速度要求熟练操作	L3	L3

续上表

工作项目		工作任务		职业能力（知识、技能、态度要求）		学习水平	
						中职 Li	高职 Lj
		03－10	背部护理及话术	03－10－01	练习脊椎护理手法（动作），按手法步骤、用力方法、速度、技巧要求规范操作	L2	L2
				03－10－02	熟悉护理流程及诊断（问诊、望诊、触诊），问诊：运动习惯、姿势、既往史、生活习惯（久坐、二郎腿）、职业病	L2	L2
				03－10－03	望诊：简易面诊、手诊、舌诊、生理弯曲是否正常、皮肤	L2	L2
				03－10－04	触诊：沿体表（脊椎两侧）经络、穴位、经筋、皮部进行推、按、压拨等手法查痛症、结节	L2	L2
				03－10－05	熟悉常用穴位定位及取穴方法（华佗夹脊穴）	L2	L2
				03－10－06	体验脊椎护理流程操作感受、效果对比（问）	L2	L2
		03－11	腰背部护理及话术	03－11－01	练习肾部保养手法（动作），按手法步骤、用力方法、速度、技巧要求规范操作	L2	L2
				03－11－02	熟悉常用穴位定位及取穴方法（肾俞、涌泉、太溪、大赫、俞府、幽门、石关、肓俞、气穴、大赫、大横）	L2	L2
				03－11－03	熟悉护理流程及诊断（问诊、望诊、触诊），问诊：睡眠、精力	L1	L1
				03－11－04	望诊：简易面诊、手诊、舌诊	L1	L1
				03－11－05	触诊：沿体表（腰背部）经络、穴位、经筋、皮部进行推、按、压拨等手法查痛症	L1	L1
				03－11－06	肾部护理操作流程、感受、效果对比	L1	L1
		03－12	卵巢保养及话术	03－12－01	练习卵巢保养手法（动作），按手法步骤、用力方法、速度、技巧要求规范操作	L2	L2

续上表

工作项目		工作任务		职业能力 （知识、技能、态度要求）		学习水平	
						中职	高职
						Li	Lj
				03－12－02	熟悉常用穴位定位及取穴方法（曲骨、中极、关元、石门、气海、阴交、神厥）	L2	L2
				03－12－03	熟悉护理流程及诊断（问诊、望诊、触诊），问诊：月经（量、质、颜色、血块、周期、痛经情况）、情绪	L3	L3
				03－12－04	望诊：简易面诊（面色、唇色）、手诊、舌诊	L3	L3
				03－12－05	触诊：沿体表（腰腹部）经络、穴位、经筋、皮部进行推、按、压拨等手法查痛症	L1	L1
				03－12－06	体验卵巢护理流程操作感受、效果对比	L1	L1
04	入职培训考核	04－01	理论考核	04－01－01	提问：穴位名称、功效、按摩作用、注意事项等	L2	L1
				04－01－02	笔试：皮肤类型、项目原理、操作原则等	L2	L1
		04－02	操作考核	04－02－01	接待流程展示	L2	L2
				04－02－02	手法/仪器操作展示	L2	L2
				04－02－03	服务话术、操作话术展示等	L3	L3
				04－02－04	操作标准流程展示	L1	L1
05	工作前准备	05－01	上班签到	05－01－01	按要求整理仪容仪表（头发按要求梳理）、打卡签到（考勤）	L1	L1
				05－01－02	轮排签到，登记（姓名、班次、工号）	L1	L1
		05－02	晨会/午会	05－02－01	参与激情带动（舞蹈、口号、企业文化等）	L1	L1
				05－02－02	预约通报（顾客到店时间、操作者）	L1	L1
				05－02－03	通报业绩目标（员工业绩目标、消耗目标）	L1	L1
				05－02－04	通知发布（公示等）	L1	L1

续上表

工作项目		工作任务		职业能力（知识、技能、态度要求）		学习水平	
						中职	高职
						Li	Lj
		05－03	会后会	05－03－01	分析顾客（消费习惯、消费类型、消费动机、喜好、健康状况、满意度）	L3	L3
				05－03－02	模拟演练（解决顾客抗拒点和需求点）	L1	L1
		05－04	待客准备	05－04－01	检查、维护会所卫生（地面、美容床、仪器）	L1	L1
				05－04－02	准备物品（毛巾、床单、配料/产品）	L1	L1
				05－04－03	准备环境气氛（音乐、调试灯光等）	L1	L1
				05－04－04	准备会员资料（会员档案）	L1	L1
06	项目流程服务	06－01	迎接引导顾客	06－01－01	顾问处接单，办理产品材料领用手续	L1	L1
				06－01－02	与顾问交接顾客（面带微笑、标准话术问候）	L1	L1
				06－01－03	引领顾客到美容房内沐浴、更衣	L1	L1
				06－01－04	等待顾客沐浴时间，与顾问再次进行详细交接（客户需求、销售方向）	L1	L1
		06－02	环境用物准备	06－02－01	按项目及顾客要求准备房间（温度、灯光、音乐、床位、仪器准备）	L1	L1
				06－02－02	按项目单领取物料，并检查确认操作物料是否齐全	L1	L1
				06－02－03	整理美容小推车用物、用品，摆放整齐规范	L1	L1
				06－02－04	整理床位，铺巾平整（毛巾一客一换）	L1	L1
				06－02－05	引导顾客躺下，帮助摆鞋	L1	L1
		06－03	项目流程操作	06－03－01	戴口罩	L1	L1
				06－03－02	按工作规范清洁、消毒双手	L1	L1
				06－03－03	分析、判断顾客皮肤，再次确定皮肤类型与安排项目是否符合	L2	L2
				06－03－04	介绍护理项目的操作流程及具体功效、护理后的效果改善	L1	L1
				06－03－05	按项目护理服务标准流程进行操作	L1	L1

续上表

<table>
<tr><th colspan="2" rowspan="3">工作项目</th><th colspan="2" rowspan="3">工作任务</th><th colspan="2" rowspan="3">职业能力
（知识、技能、态度要求）</th><th colspan="2">学习水平</th></tr>
<tr><th>中职</th><th>高职</th></tr>
<tr><th>Li</th><th>Lj</th></tr>
<tr><td rowspan="22">06</td><td rowspan="22">项目流程服务</td><td rowspan="8"></td><td rowspan="8"></td><td>06－03－06</td><td>询问顾客感受、针对顾客反应普及保养知识、适度沟通</td><td>L1</td><td>L1</td></tr>
<tr><td>06－03－07</td><td>将小镜子递给顾客，点对点向顾客介绍此次护理的效果、引导顾客对比效果</td><td>L1</td><td>L1</td></tr>
<tr><td>06－03－08</td><td>预约下次到店时间、项目确定</td><td>L1</td><td>L1</td></tr>
<tr><td>06－03－09</td><td>针对性建议家居护理（产品、方法等）</td><td>L1</td><td>L1</td></tr>
<tr><td>06－03－10</td><td>跟单结算：到前台交工作单，与顾问做好沟通及交接工作</td><td>L1</td><td>L1</td></tr>
<tr><td>06－03－11</td><td>请顾客在工作单上签名，告知所余项目次数或余额，致谢</td><td>L1</td><td>L1</td></tr>
<tr><td>06－03－12</td><td>交工作单、与顾问沟通、做好交接工作</td><td>L1</td><td>L1</td></tr>
<tr><td>06－03－13</td><td>提醒顾客带齐财物，送顾客出门</td><td>L1</td><td>L1</td></tr>
<tr><td rowspan="4">06－04</td><td rowspan="4">服务后整理</td><td>06－04－01</td><td>送走顾客后迅速回房间整理用物、用品及卫生</td><td>L1</td><td>L1</td></tr>
<tr><td>06－04－02</td><td>清洁已用仪器、检查配件是否完好、归位</td><td>L1</td><td>L1</td></tr>
<tr><td>06－04－03</td><td>及时更换毛巾、还原美容床呈待客状态</td><td>L1</td><td>L1</td></tr>
<tr><td>06－04－04</td><td>补充所耗用物品</td><td>L1</td><td>L1</td></tr>
<tr><td rowspan="6">06－05</td><td rowspan="6">填写工作单</td><td>06－05－01</td><td>填写消费（卡项、金额、购买产品）</td><td>L1</td><td>L1</td></tr>
<tr><td>06－05－02</td><td>填写消耗（每次顾客操作消耗的金额）</td><td>L1</td><td>L1</td></tr>
<tr><td>06－05－03</td><td>填写项目明细（名称、使用产品、操作者等）</td><td>L1</td><td>L1</td></tr>
<tr><td>06－05－04</td><td>填写家居产品（种类、数量）</td><td>L1</td><td>L1</td></tr>
<tr><td>06－05－05</td><td>登记注意事项（顾客喜好等）</td><td>L1</td><td>L1</td></tr>
<tr><td>06－05－06</td><td>填写顾客皮肤情况、顾客反馈等</td><td>L1</td><td>L1</td></tr>
</table>

续上表

工作项目		工作任务		职业能力（知识、技能、态度要求）		学习水平 中职 Li	学习水平 高职 Lj
07	强化练习	07－01	手法练习	07－01－01	练习手法（力度适中、均匀）	L1	L1
				07－01－02	调整操作节奏、速度（慢而不滞）	L1	L1
				07－01－03	训练手法服帖度	L1	L1
				07－01－04	训练手法舒适度（手部柔软、质地细腻）	L1	L1
		07－02	仪器操作	07－02－01	查阅常用仪器工作原理、适合人群	L2	L1
				07－02－02	练习仪器操作手法、操作步骤	L1	L1
				07－02－03	总结操作注意事项及禁忌	L2	L1
		07－03	话术练习	07－03－01	模拟练习接待话术	L1	L1
				07－03－02	模拟练习服务流程话术	L1	L1
				07－03－03	模拟练习专业沟通话术	L1	L1
08	学习新技术	08－01	理论培训	08－01－01	解释研发产品知识（功效、成分等）	L3	L2
				08－01－02	创新项目技术规范、标准流程	L3	L3
				08－01－03	概述仪器（新）原理、适用人群	L3	L2
		08－02	技能培训	08－02－01	按产品使用方法操作、搭配产品	L2	L1
				08－02－02	按新技术手法动作、手法步骤要求操作	L1	L1
				08－02－03	按仪器操作手法、操作步骤操作	L1	L1
09	会员资料整理	09－01	消耗登记	09－01－01	每次服务后登记卡项金额	L1	L1
				09－01－02	每次服务后登记操作消耗的金额	L1	L1
				09－01－03	每次服务后登记购买产品情况	L1	L1
		09－02	项目明细	09－02－01	每次服务后登记项目名称、护理时间	L1	L1
				09－02－02	登记当次使用产品、顾客喜好、特殊要求	L1	L1
				09－02－03	登记每次护理项目操作者	L1	L1
		09－03	家居护理	09－03－01	了解顾客购买家居产品情况（种类、数量）	L2	L2
				09－03－02	指导家居产品使用方法	L3	L3
				09－03－03	建议家居护理、提醒注意事项	L3	L3

续上表

工作项目		工作任务		职业能力（知识、技能、态度要求）		学习水平 中职 Li	学习水平 高职 Lj
10	下班前整理	10－01	业绩统计	10－01－01	统计当日顾客销售卡额和产品数据	L1	L1
				10－01－02	统计每次顾客操作消耗的金额	L1	L1
				10－01－03	统计当日服务顾客人次	L1	L1
				10－01－04	统计当日新客到店人次、成交人次	L1	L1
				10－01－05	统计当日顾客预约、跟进人次	L1	L1
				10－01－06	统计当日达成率等相关数据	L1	L1
		10－02	卫生整理	10－02－01	整理美容区域地面卫生，清理丢弃物	L1	L1
				10－02－02	整理美容床，用物整齐平整，还原为待客状态	L1	L1
		10－03	物品整理	10－03－01	添加产品，按仪器管理规范做好维护	L1	L1
				10－03－02	检查所用物品归位（产品、仪器）情况	L1	L1
		10－04	安全检查	10－04－01	检查相关电源关闭情况（热水器、消毒柜等常用电器）	L1	L1
				10－04－02	检查水龙头、门窗关闭情况	L1	L1
				10－04－03	检查房间空调关闭情况	L1	L1
11	服务跟进	11－01	疗程/产品跟进	11－01－01	定期电话跟进疗程/产品	L3	L3
				11－01－02	短信跟进疗程/产品	L3	L3
				11－01－03	微信邀约，发送活动方案、产品图片等	L3	L3
				11－01－04	QQ 活动邀约，发送项目方案、产品图片等	L1	L1
		11－02	效果跟进	11－02－01	电话询问服务满意度、产品效果等	L3	L3
				11－02－02	短信回访服务满意度、产品效果等	L3	L3
				11－02－03	微信回访服务满意度、产品效果等	L3	L3

续上表

工作项目		工作任务		职业能力（知识、技能、态度要求）		学习水平 中职 Li	学习水平 高职 Lj
12	工作计划及总结	12－01	制订工作计划	12－01－01	提前确定邀约人次（日、月、季、年）	L3	L3
				12－01－02	提前确定服务人次（日、月、季、年）	L1	L1
				12－01－03	预计目标达成比率（日、月、季、年）	L2	L2
				12－01－04	提出团队配合的人员需求（包括参与时间、内容、人数、配合者）	L2	L2
				12－01－05	安排专业知识（时间、内容等）	L2	L2
				12－01－06	安排训练项目	L1	L1
		12－02	业绩总结	12－02－01	业绩总结（顾客销售卡额和产品数据阶段性总结）	L3	L3
				12－02－02	消耗统计分析（日/月/季/年顾客消费金额）	L3	L3
				12－02－03	客流统计分析（日/月/季/年顾客到店人次）	L3	L3
				12－02－04	达成率等相关数据及顾客反馈总结分析	L1	L1
13	顾客预约接待	13－01	确认顾客预约定位	13－01－01	查看顾客档案（了解顾客到店时间、项目、操作者、购买的产品）	L1	L1
				13－01－02	分析顾客（心理、消费习惯及需求），提前与顾客进行电话确认	L1	L1
		13－02	预约接待	13－02－01	安排项目，款项确认，交接美容师	L3	L3
14	专业沟通与方案制定	14－01	专业沟通	14－01－01	了解顾客需求，介绍环境、项目、产品等	L3	L3
				14－01－02	观察顾客（类型、消费心理、消费习惯）	L1	L1
		14－02	引导并确定需求	14－02－01	分析顾客皮肤，准确判断皮肤问题	L1	L1
				14－02－02	通过望、闻、问了解顾客亚健康信息	L1	L1
				14－02－03	根据问题诊断，提出护理/调理建议	L3	L3
				14－02－04	与顾客进行有效沟通，引导需求产生，确定调理目的	L3	L3

续上表

工作项目		工作任务		职业能力（知识、技能、态度要求）		学习水平	
						中职	高职
						Li	Lj
		14－03	制定护理/调理方案	14－03－01	推介项目及产品（专业护理方案、家居护理方案），解释项目及产品功效	L3	L2
				14－03－02	设计专业护理/调理方案（疗程、产品、项目、仪器及家居护理），铺垫销售	L3	L2
				14－03－03	与顾客进行有效沟通，解释护理/调理方案，确认项目（产品、价格）	L3	L2
15	项目销售	15－01	挖掘顾客需求	15－01－01	邀约顾客（派单、微信、短信等），介绍产品、项目及优惠活动	L1	L1
				15－01－02	根据顾客需求、建议加单、开卡、购买产品	L3	L2
				15－01－03	向顾客推介新项目（销售/铺垫）、引导消费（刷卡、埋单）、记录档案	L3	L2
				15－01－04	查阅顾客档案、分析需求	L3	L2
		15－02	拓客	15－02－01	利用各种途径积极拓展外部客户	L3	L3
				15－02－02	及时更新不同时期促销方案的资料	L3	L3
				15－02－03	挖掘潜在客户	L3	L3
16	项目售后跟进	16－01	电话跟进	16－01－01	效果引导、肯定、提醒（休息、饮食、运动、家居等配合）、约位	L3	L2
		16－02	投诉处理	16－02－01	效果类、出现异常反应、退卡、退款	L1	L1
		16－03	客情维护	16－03－01	电话、约会见面、上门服务、生日或节日感动式服务	L1	L1
		16－04	满意度调查	16－04－01	面对面沟通、调查问卷	L3	L3
17	项目技术培训与指导	17－01	技术跟进	17－01－01	指导专业知识应用（项目类、仪器类、产品类）	L5	L4
				17－01－02	指导专业技能操作（按摩手法、仪器手法）	L5	L4
				17－01－03	管理操作流程（用品、用量、用时）	L3	L4

续上表

工作项目		工作任务		职业能力（知识、技能、态度要求）		学习水平 中职 Li	学习水平 高职 Lj
				17－01－04	指导使用服务话术：接待话术、操作话术（步骤说明）、专业话术（专业沟通）	L3	L4
		17－02	能力提升培训与考核	17－02－01	培训专业知识	L3	L4
				17－02－02	培训操作手法、操作步骤	L3	L4
				17－02－03	培训服务流程	L3	L3
				17－02－04	培训服务话术	L3	L3
				17－02－05	培训考核（理论、操作）	L3	L3
				17－02－06	记录考核结果，上报会所经理	L1	L1
		17－03	技术创新	17－03－01	根据客户需求开发项目	L3	L3
				17－03－02	创新项目流程、操作手法，提高客户满意度	L3	L3
18	仪器管理维护	18－01	仪器维护	18－01－01	管理责任区仪器，避免人为破坏及损坏	L1	L1
				18－01－02	维护责任区仪器（清洁、防尘、防潮）	L1	L1
		18－02	使用管理	18－02－01	检查仪器使用情况登记	L1	L1
				18－02－02	检查仪器使用前、使用后归位调试、归位情况	L1	L1
19	产品培训（单品）	19－01	介绍产品	19－01－01	介绍产品的名称、规格、价格、包装形式	L2	L1
				19－01－02	说明产品的适用人群、成分、功效、注意事项	L2	L1
				19－01－03	解释产品包装材料（与注意事项有关）	L2	L1
				19－01－04	介绍产品的使用方法	L2	L1
		19－02	产品体验	19－02－01	感受产品质地、形态、效果	L1	L1
				19－02－02	用看、闻、抹、拍、摸等方法对比产品效果	L1	L1
		19－03	产品搭配	19－03－01	搭配不同季节使用的产品	L1	L1
				19－03－02	搭配适合干性皮肤的产品	L1	L1

续上表

工作项目		工作任务		职业能力（知识、技能、态度要求）		学习水平 中职 Li	学习水平 高职 Lj
				19－03－03	搭配适合油性皮肤的产品	L1	L1
				19－03－04	搭配适合敏感性皮肤的产品	L1	L1
				19－03－05	搭配适合衰老皮肤的产品	L1	L1
				19－03－06	搭配适合不同年龄皮肤的产品	L1	L1
				19－03－07	搭配眼部保养产品	L1	L1
				19－03－08	搭配解决眼部问题（皱纹、黑眼圈、眼袋）的产品	L1	L1
				19－03－09	搭配有控油、消炎功效的产品	L1	L1
				19－03－10	搭配有除皱、紧肤功效的产品	L1	L1
				19－03－11	搭配有补水、嫩肤功效的产品	L1	L1
				19－03－12	综合运用产品搭配、产品手法、仪器等方法解决实际问题	L1	L1
				19－03－13	及时处理或解决突发问题（产品搭配、手法、仪器、客户提问等），应变能力强	L2	L1
		19－04	培训技巧训练	19－04－01	训练形体、语言表达、语速、手势、声音	L1	L1
				19－04－02	处理突发事件（处理问题的技巧）	L1	L1
				19－04－03	展示演讲的感染力、带动力	L1	L1
		19－05	产品信息反馈	19－05－01	与客户沟通、观察产品使用情况及效果	L1	L1
				19－05－02	及时反馈产品使用情况及效果	L1	L1
				19－05－03	提供调整产品搭配的相关信息	L1	L1

续上表

工作项目		工作任务		职业能力 （知识、技能、态度要求）		学习水平	
						中职	高职
						Li	Li
20	培训套装/院装产品技术	20－01	原理及效果讲解	20－01－01	介绍产品组合、规格	L1	L1
				20－01－02	解释产品原理、功效	L1	L1
				20－01－03	演示产品操作流程	L1	L1
		20－02	操作技巧培训	20－02－01	演示操作话术并有感染力及带动力	L2	L2
				20－02－02	演示操作话术有感染力、带动力及吸动力，语言简洁	L1	L1
				20－02－03	讲解应对疑难问题技巧（使用顺序、用量出错）	L3	L2
				20－02－04	讲解干性、衰老皮肤产品使用方法及技巧	L2	L2
				20－02－05	讲解问题皮肤产品使用方法及技巧	L2	L1
				20－02－06	讲解油性皮肤产品使用方法及技巧	L2	L1
				20－02－07	讲解混合性皮肤产品使用方法及技巧	L2	L1
				20－02－08	讲解敏感性皮肤产品使用方法及技巧	L2	L2
		20－03	操作流程培训	20－03－01	根据产品的要求，准备物品（仪器、特殊物品）	L2	L2
				20－03－02	选择手法，按照产品组合的标准流程，演示操作流程	L2	L2
		20－04	产品使用注意	20－04－01	说明不同皮肤在使用产品时可能出现的问题	L2	L2
				20－04－02	介绍应急情况的处理方法（面部发红、不舒服）	L2	L2
				20－04－03	询问顾客使用产品的既往史	L2	L2
				20－04－04	说明仪器安全使用、禁用规则	L1	L1
		20－05	信息收集及反馈	20－05－01	协助收集信息（反馈地域对产品手法、用量、仪器使用等的反应）并及时反馈	L1	L1
				20－05－02	客观收集信息（反馈地域对产品手法、用量、仪器使用等的反应）并及时反馈	L2	L2

续上表

工作项目		工作任务		职业能力（知识、技能、态度要求）		学习水平 中职 Li	学习水平 高职 Lj
21	指导、督促执行活动方案	21－01	熟悉活动方案	21－01－01	拟定活动目标	L1	L2
				21－01－02	设计活动流程	L1	L2
				21－01－03	制定活动方案	L1	L2
				21－01－04	明确活动的具体内容	L1	L2
				21－01－05	确定活动人员及人员分工	L1	L2
				21－01－06	准备物料	L1	L2
				21－01－07	确定活动时间、地点	L1	L2
		21－02	活动方案沟通	21－02－01	解释活动目标设定（业绩、成交率、普及率）	L2	L2
				21－02－02	解释活动周期（活动具体时间、启动时间）	L2	L2
				21－02－03	讨论并制定邀约奖励政策及成交奖励政策	L2	L2
		21－03	培训活动方案	21－03－01	产品培训	L2	L2
				21－03－02	培训邀约话术	L2	L2
				21－03－03	公布奖励政策	L2	L2
		21－04	启动活动	21－04－01	监督活动的执行情况（各环节）	L2	L2
				21－04－02	询问活动宣传、邀请情况	L2	L2
				21－04－03	查看场地、人员落实到位情况	L1	L1
				21－04－04	营造促销氛围情况	L2	L2
		21－05	活动执行	21－05－01	营造培训活动氛围、走流程	L1	L1
				21－05－02	邀约目标顾客	L1	L1
				21－05－03	跟单	L1	L1
				21－05－04	压单	L2	L2
		21－06	活动总结	21－06－01	总结人员配合情况	L2	L2
				21－06－02	分析业绩	L2	L2
				21－06－03	分析目标顾客参与情况	L1	L1

续上表

工作项目		工作任务		职业能力（知识、技能、态度要求）		学习水平 中职 Li	学习水平 高职 Lj
		21-07	信息收集及反馈	21-07-01	收集并反馈店家情况	L1	L1
				21-07-02	反馈活动执行情况	L1	L1
				21-07-03	反馈店员配合情况，为以后的工作开展做铺垫	L1	L1
		21-08	了解店务管理	21-08-01	熟悉而不参与店务流程管理	L2	L2
				21-08-02	熟悉而不参与店家顾客管理	L2	L2
				21-08-03	熟悉而不参与店家物品管理	L1	L1
				21-08-04	熟悉而不参与店家员工管理	L1	L1
		21-09	打版	21-09-01	配合打版	L1	L1
				21-09-02	独立打版	L2	L2
		21-10	引导店务管理	21-10-01	以建议的方式引导而不参与流程管理	L3	L2
				21-10-02	以建议的方式引导而不参与员工管理	L3	L2
				21-10-03	以建议的方式引导而不参与顾客管理	L3	L2
				21-10-04	以建议的方式引导而不参与物品管理	L3	L2
22	市场规划（基于公司规划）	22-01	资源整合	22-01-01	分析市场状态	L3	L3
				22-01-02	分析代理商公司状态	L3	L3
				22-01-03	分析活动方案	L3	L3
				22-01-04	根据市场情况，整合厂家及代理商的资源，推动市场	L3	L3
		22-02	市场运用	22-02-01	分析产品可行性	L3	L3
				22-02-02	分析活动可行性	L3	L2
				22-02-03	评估方案是否能推动	L3	L2
				22-02-04	预测可能遇到的问题，研究解决的办法	L3	L3

续上表

工作项目		工作任务		职业能力（知识、技能、态度要求）		学习水平 中职 Li	学习水平 高职 Lj
23	市场指导	23－01	代理商团队指导	23－01－01	制定代理商团队组建规划	L3	L2
				23－01－02	指导代理商团队人员配备	L3	L2
				23－01－03	指导代理商市场工作安排	L3	L2
				23－01－04	了解代理商团队问题	L3	L2
				23－01－05	指导代理商团队工作	L2	L2
				23－01－06	指导代理商营造团队凝聚力	L3	L3
		23－02	活动指导	23－02－01	了解产品问题	L2	L2
				23－02－02	开展活动及活动执行情况管理	L1	L1
				23－02－03	分析加盟店的品牌运作情况	L2	L2
				23－02－04	了解、分析加盟店的品牌运作情况，为进一步做规划提供参考	L2	L2
24	医院早会	24－01	业绩总结	24－01－01	分析做得好的项目		L2
				24－01－02	分析需要开发的项目		L2
				24－01－03	回顾前一天工作中顾客的投诉		L3
				24－01－04	反思前一天工作中复诊顾客的满意度及意见		L3
				24－01－05	总结分析前一天工作问题，提出改进措施		L3
		24－02	布置目标	24－02－01	通报科室的月目标		L1
				24－02－02	通报销售产品的业绩目标		L1
				24－02－03	通报项目的目标		L1
				24－02－04	通报服务目标		L1
25	接诊准备	25－01	环境准备	25－01－01	打开空调，检查电话状态，泡茶	L2	L1
				25－01－02	打开电脑，调适到待机工作状态	L2	L1
				25－01－03	检查区域卫生，整理桌面	L2	L1
				25－01－04	补充物料（食品、宣传册）并整齐摆放	L2	L1
		25－02	查看接诊登记	25－02－01	调取预约顾客档案，按顺序整理排列	L2	L1

续上表

工作项目		工作任务		职业能力（知识、技能、态度要求）		学习水平 中职 Li	学习水平 高职 Lj
				25-02-02	巡楼（护理师、前台）	L2	L1
				25-02-03	打开分诊表	L2	L1
				25-02-04	打开医助轮排表		L1
				25-02-05	打开仪器使用轮排表		L2
				25-02-06	轮排，及时移动医生及护理师名牌		L2
		25-03	物料准备	25-03-01	查看冰袋借还登记	L2	L2
				25-03-02	清点借用物品押金	L2	L2
				25-03-03	检查储物柜钥匙	L2	L2
26	就诊客户接待	26-01	前台接诊（老顾客）	26-01-01	登记复诊顾客信息	L3	L2
				26-01-02	安置顾客候诊	L3	L2
				26-01-03	询问、了解顾客需求	L3	L3
				26-01-04	查看复诊预约信息与治疗次数	L3	L3
				26-01-05	查看负责医生上班情况	L3	L2
				26-01-06	电话通知主治医生	L3	L2
		26-02	前台接诊（新客户）	26-02-01	登记初诊顾客信息，安置顾客		L1
				26-02-02	了解初诊需求，查看分诊表	L2	L1
				26-02-03	安排面诊医生	L3	L1
				26-02-04	确定项目	L3	L3
				26-02-05	引荐咨询医生	L3	L3
				26-02-06	引导缴费	L2	L1
				26-02-07	安排主班护理师	L3	L2
		26-03	科室分诊	26-03-01	查看主治医生归属	L3	L2
		26-04	面诊	26-04-01	带上病历见主任	L3	L2
		26-05	通知护理	26-05-01	电话通知护理师	L3	L2
		26-06	术前拍照	26-06-01	登记病历、治疗项目	L2	L1
				26-06-02	按拍照要求（角度、光线）拍照	L2	L1
				26-06-03	系统录入、备份就诊信息	L2	L1

续上表

工作项目		工作任务		职业能力（知识、技能、态度要求）		学习水平 中职 Li	学习水平 高职 Lj
		26－07	护理后协助	26－07－01	协助冰敷，更换冰袋，倒水	L1	L1
				26－07－02	观察治疗情况，了解其他需求	L3	L2
		26－08	复诊预约	26－08－01	告知客户联系电话，复诊预约时间	L3	L2
27	补充客户信息	27－01	处置单信息录入	27－01－01	客户信息系统中录入治疗内容	L3	L2
				27－01－02	客户信息系统中录入用料情况	L3	L2
				27－01－03	登记护理师名字、医生名字	L2	L1
				27－01－04	检查核对录入信息	L2	L1
		27－02	核对缴费单	27－02－01	核对缴费金额	L3	L1
				27－02－02	核对主任、备注	L3	L1
				27－02－03	核对项目类型及次数	L3	L1
				27－02－04	核对主治医生	L3	L1
				27－02－05	确认病征	L3	L2
28	候诊服务	28－01	安置顾客	28－01－01	提供杂志、茶水、食品、电脑、电视	L2	L1
		28－02	顾客情绪处置	28－02－01	安抚顾客，及时反映情况，协助处理	L3	L1
				28－02－02	安抚情绪，避免冲突	L3	L1
29	就诊客户投诉处理	29－01	投诉接待	29－01－01	提供茶水，妥善安置投诉客户	L2	L2
				29－01－02	了解原因，先填写满意度调查表	L3	L2
		29－02	登记信息	29－02－01	登记投诉客户个人信息	L3	L2
				29－02－02	登记投诉治疗项目	L3	L2
				29－02－03	获取客户电话号码、病历号	L3	L2
		29－03	调取档案	29－03－01	及时联系档案室	L3	L2
				29－03－02	调出投诉客户档案	L3	L2
		29－04	投诉反馈	29－04－01	及时通知主治医生	L3	L2
				29－04－02	及时通知咨询医生	L3	L2

续上表

工作项目		工作任务		职业能力（知识、技能、态度要求）		学习水平 中职 Li	学习水平 高职 Lj
30	就诊服务区管理	30－01	环境管理	30－01－01	整理桌面、补充物料（食品、宣传册）、摆放资料	L2	L1
				30－01－02	维护区域卫生	L2	L1
		30－02	食品供应	30－02－01	煮花茶、咖啡	L2	L1
				30－02－02	准备点心	L2	L1
		30－03	电器管理	30－03－01	查看电器借用登记	L2	L1
				30－03－02	检查电器开关（开、关）	L2	L1
31	医助沟通	31－01	了解顾客类型	31－01－01	询问主诉（皮肤问题）	L3	L2
				31－01－02	了解美容需求	L3	L2
				31－01－03	观察期望值（治疗效果、次数）	L3	L3
				31－01－04	评估消费能力（预算）	L3	L3
				31－01－05	分析客户个性特点	L3	L3
				31－01－06	观察客户情绪状态	L3	L3
				31－01－07	获取客户基本信息	L3	L3
		31－02	了解美容史	31－02－01	查看美容部位	L3	L2
				31－02－02	询问了解美容药物使用情况、有无过敏史	L3	L2
				31－02－03	询问了解美容项目情况（过往手术项目）	L3	L2
32	仪器操作	32－01	祛斑仪器操作	32－01－01	分析色斑成因，判断色斑类型	L3	L3
				32－01－02	选择仪器，调节能量参数，使用登记	L3	L3
				32－01－03	按仪器操作方法、步骤规范操作	L3	L3
				32－01－04	仪器用后整理、归位	L3	L2
		32－02	祛红仪器操作	32－02－01	检查皮肤（红血丝），分析病征成因	L3	L3
				32－02－02	选择仪器，调节能量参数，使用登记	L3	L3
				32－02－03	按仪器操作方法、步骤规范操作	L3	L3
				32－02－04	仪器用后整理、归位	L3	L2

续上表

工作项目	工作任务		职业能力（知识、技能、态度要求）		学习水平 中职 Li	学习水平 高职 Lj
	32－03	紧肤仪器操作	32－03－01	分析判断皮肤问题	L3	L3
			32－03－02	选择仪器，调节参数，使用登记	L3	L3
			32－03－03	按仪器操作方法，步骤规范操作	L3	L3
			32－03－04	仪器用后整理、归位	L3	L2
	32－04	嫩肤仪器操作	32－04－01	分析肤质	L3	L2
			32－04－02	选择仪器，调节能量参数，使用登记	L3	L3
			32－04－03	按仪器操作方法，步骤规范操作	L3	L3
			32－04－04	仪器用后整理、归位	L3	L3
	32－05	祛痘仪器操作	32－05－01	分析皮肤问题，判断病征类型	L3	L3
			32－05－02	选择仪器，使用登记	L3	L3
			32－05－03	按仪器使用规范操作（方法、步骤）	L3	L3
			32－05－04	仪器用后整理、归位	L3	L3
			32－05－05	术后护理建议	L3	L3
	32－06	祛疤仪器操作	32－06－01	检查皮肤病征	L3	L3
			32－06－02	选择仪器，使用登记	L3	L3
			32－06－03	按仪器使用规范操作（方法、步骤）	L3	L3
			32－06－04	仪器用后整理、归位	L3	L2
			32－06－05	术后护理建议	L3	L2
	32－07	收缩毛孔仪器操作	32－07－01	分析判断皮肤问题	L3	L3
			32－07－02	选择仪器，调试仪器，使用登记	L3	L3
			32－07－03	按仪器使用规范操作（方法、步骤）	L3	L3
			32－07－04	仪器用后整理、归位	L3	L2
			32－07－05	术后护理建议	L3	L2
	32－08	塑型瘦身仪器操作	32－08－01	健康状况分析，量围度，称体重	L3	L3
			32－08－02	选择仪器，调试仪器，使用登记	L3	L2
			32－08－03	按仪器使用规范操作（方法、步骤）	L3	L3
			32－08－04	仪器用后整理、归位	L3	L2
			32－08－05	提醒术后注意事项	L3	L2

续上表

工作项目		工作任务		职业能力 （知识、技能、态度要求）		学习水平	
						中职	高职
						Li	Lj
		32－09	脱毛仪器操作	32－09－01	备皮（脱毛部位）	L3	L1
				32－09－02	选择仪器，调试仪器	L3	L2
				32－09－03	按仪器使用规范操作（方法、步骤）	L3	L2
				32－09－04	仪器用后整理、归位	L3	L2
				32－09－05	提醒术后注意事项	L3	L2
		32－10	去文身仪器操作	32－10－01	分析判断病症	L3	L3
				32－10－02	选择仪器的使用参数，规范操作	L3	L2
				32－10－03	仪器用后整理、归位	L3	L2
				32－10－04	提醒术后注意事项	L3	L2
33	术后跟进	33－01	术后回访	33－01－01	电话回访（5天），处理问题	L3	L2
				33－01－02	微信跟进过敏、术后反应较重的情况（水泡、色沉、色脱等）	L3	L2
				33－01－03	术后一周内每日跟进大项目（紧肤）术后反应、变化（肿胀、红肿、刺痛等）	L3	L2
		33－02	问题处理	33－02－01	处理特殊情况	L3	L3
				33－02－02	指导冰敷、使用补水面膜、湿敷、使用口服药物	L3	L3
				33－02－03	带客户见主任做相关治疗处理	L3	L2
34	术后教育	34－01	注意事项与保护措施（口头指导）	34－01－01	指导术后皮肤补水	L3	L2
				34－01－02	指导术后皮肤防晒	L3	L3
				34－01－03	提醒每次冰敷时间	L3	L2
				34－01－04	解释有可能出现的异常情况	L3	L3
				34－01－05	解释术后一周皮肤变化情况，提醒下次治疗时间	L3	L3
		34－02	注意事项册（书面指导）	34－02－01	详细说明术后注意事项	L3	L2
				34－02－02	详细说明治疗后护理要点	L3	L2
				34－02－03	详细解释治疗部位正常反应	L3	L2
				34－02－04	说明异常情况的反应及处理	L3	L2

续上表

工作项目		工作任务		职业能力（知识、技能、态度要求）		学习水平 中职 Li	学习水平 高职 Lj
35	仪器设备及耗材日常维护与管理	35－01	环境管理	35－01－01	根据仪器保养要求，制定室内温度	L3	L2
				35－01－02	根据仪器保养要求，控制室内湿度	L3	L2
		35－02	设备维护与管理	35－02－01	根据仪器使用要求，做好治疗前后登记	L3	L2
				35－02－02	按照仪器使用要求，消毒仪器	L3	L2
				35－02－03	使用材耗登记	L3	L2
36	客情管理	36－01	病例记录	36－01－01	概括主诉，并记录	L3	L2
				36－01－02	简要记录现病史、既往史	L3	L2
				36－01－03	及时准确填写当次治疗能量参数：波长、脉宽、光斑、能量	L3	L2
				36－01－04	核对病例填写无误	L3	L2
		36－02	病例管理	36－02－01	整理病例	L3	L2
				36－02－02	送病例归档	L3	L2
		36－03	治疗效果反馈	36－03－01	了解治疗次数	L3	L2
				36－03－02	如实汇报治疗后变化情况	L3	L2
				36－03－03	如实转达客户自我评价	L3	L2
				36－03－04	对比照片，评价效果	L3	L2
37	客户二次开发	37－01	建立客户信任	37－01－01	治疗时：耐心配合，关心客户，关注效果	L3	L3
				37－01－02	治疗后：主动获取联系方式，交流治疗情况	L3	L3
		37－02	寻找需求	37－02－01	观察客户需求，给予专业指导及沟通	L3	L2
		37－03	促成销售	37－03－01	介绍、推介适合项目	L3	L3
				37－03－02	评估预期效果，展示案例，铺垫销售	L3	L2
				37－03－03	向客户推介优惠活动，协助客户联系主任	L3	L2
38	术前准备及接待	38－01	领物料	38－01－01	领取并查对物品	L3	L2
				38－01－02	领取并查对药品	L3	L2

续上表

工作项目		工作任务		职业能力（知识、技能、态度要求）		学习水平 中职 Li	学习水平 高职 Lj
		38－02	整理物品	38－02－01	整齐摆放好治疗仪器	L3	L2
				38－02－02	按操作要求整理床铺，准备毛巾	L3	L2
				38－02－03	按操作规范消毒物品	L3	L2
				38－02－04	工作平台车用品按用量、卫生、整洁度要求添加并整齐摆放	L3	L2
		38－03	查看清点物料	38－03－01	查看楼层用物情况，洗冰袋，收毛巾	L3	L2
				38－03－02	检查物料（麻药）补充情况	L3	L2
				38－03－03	查看房间用后收拾、床铺整理是否整齐	L3	L2
		38－04	接处置单	38－04－01	接处置单，确认项目、医生	L3	L2
				38－04－02	查看复诊时间、填写护理卡	L3	L2
		38－05	安顿顾客	38－05－01	协助客户存放物品、换鞋、更衣、清洁	L3	L2
39	术前沟通及配合	39－01	术前沟通	39－01－01	引导术者拍照	L2	L1
				39－01－02	提醒手术注意事项（术前、术中、术后）	L3	L2
				39－01－03	说明治疗情况（时间、手术配合）	L3	L2
				39－01－04	概述治疗禁忌	L3	L3
				39－01－05	解释治疗目的、原理	L3	L3
				39－01－06	介绍项目效果、治疗过程	L3	L3
				39－01－07	解释可能出现的情况	L3	L3
				39－01－08	介绍仪器（激光）作用、工作原理	L3	L3
				39－01－09	确认术前准备情况	L3	L2
		39－02	术前皮肤护理	39－02－01	按手术要求卸妆，使皮肤无残留	L3	L2
				39－02－02	按要求清洁皮肤（无残留）	L3	L2
				39－02－03	用仪器导入精华素	L3	L2
				39－02－04	敷面膜补水	L3	L2

续上表

<table>
<tr><th colspan="2" rowspan="3">工作项目</th><th colspan="2" rowspan="3">工作任务</th><th colspan="2" rowspan="3">职业能力
（知识、技能、态度要求）</th><th colspan="2">学习水平</th></tr>
<tr><th>中职</th><th>高职</th></tr>
<tr><th>Li</th><th>Lj</th></tr>
<tr><td rowspan="10"></td><td rowspan="10"></td><td rowspan="3">39－03</td><td rowspan="3">麻醉</td><td>39－03－01</td><td>敷麻药（准备麻药、保鲜膜、刷子，定闹钟）</td><td>L3</td><td>L2</td></tr>
<tr><td>39－03－02</td><td>引导客户注射麻药</td><td>L3</td><td>L2</td></tr>
<tr><td>39－03－03</td><td>指导口服止痛药</td><td>L3</td><td>L2</td></tr>
<tr><td>39－04</td><td>配药</td><td>39－04－01</td><td>遵医嘱配药（水光针药水）</td><td>L3</td><td>L2</td></tr>
<tr><td>39－05</td><td>通知医生</td><td>39－05－01</td><td>通知主治医生和医助</td><td>L3</td><td>L2</td></tr>
<tr><td>39－06</td><td>卸麻药</td><td>39－06－01</td><td>用面巾纸卸麻药</td><td>L3</td><td>L2</td></tr>
<tr><td>39－07</td><td>消毒</td><td>39－07－01</td><td>用新洁尔灭消毒施术部位皮肤</td><td>L3</td><td>L2</td></tr>
<tr><td>39－08</td><td>涂抹介质</td><td>39－08－01</td><td>施术部位涂抹凝胶或润滑油</td><td>L3</td><td>L2</td></tr>
<tr style="display:none"></tr>
<tr style="display:none"></tr>
<tr><td rowspan="3">40</td><td rowspan="3">术中配合</td><td rowspan="3">40－01</td><td rowspan="3">协助手术</td><td>40－01－01</td><td>传递用物</td><td>L3</td><td>L2</td></tr>
<tr><td>40－01－02</td><td>观察了解顾客情况</td><td>L3</td><td>L2</td></tr>
<tr><td>40－01－03</td><td>安抚情绪、了解需求</td><td>L3</td><td>L2</td></tr>
<tr><td rowspan="7">41</td><td rowspan="7">术后配合</td><td rowspan="3">41－01</td><td rowspan="3">创面处理</td><td>41－01－01</td><td>涂创伤膏或消炎膏</td><td>L3</td><td>L2</td></tr>
<tr><td>41－01－02</td><td>冰敷</td><td>L2</td><td>L2</td></tr>
<tr><td>41－01－03</td><td>敷修复面膜</td><td>L2</td><td>L1</td></tr>
<tr><td rowspan="2">41－02</td><td rowspan="2">术后注意</td><td>41－02－01</td><td>交代注意事项（饮食、防晒、补水、卫生、禁水）</td><td>L3</td><td>L2</td></tr>
<tr><td>41－02－02</td><td>交代可能出现的情况及处理方法</td><td>L3</td><td>L2</td></tr>
<tr><td rowspan="2">41－03</td><td rowspan="2">家居护理</td><td>41－03－01</td><td>配家居产品及指导使用</td><td>L3</td><td>L2</td></tr>
<tr><td>41－03－02</td><td>纠正不良护理方法</td><td>L3</td><td>L2</td></tr>
<tr><td rowspan="3">42</td><td rowspan="3">院感控制</td><td rowspan="2">42－01</td><td rowspan="2">环境卫生管理</td><td>42－01－01</td><td>清洁房间卫生，消毒房间、空气消毒</td><td>L3</td><td>L2</td></tr>
<tr><td>42－01－02</td><td>工作台（车）的卫生维护与用品消毒</td><td>L3</td><td>L2</td></tr>
<tr><td>42－02</td><td>用品卫生管理</td><td>42－02－01</td><td>清洗、消毒器械（敷料槽、镊子）</td><td>L3</td><td>L2</td></tr>
</table>

续上表

工作项目		工作任务		职业能力（知识、技能、态度要求）		学习水平 中职 Li	学习水平 高职 Lj
43	客情维护	43－01	护理卡管理	43－01－01	登记护理卡	L3	L3
				43－01－02	保管护理卡（整理、入档、保密）	L3	L3
		43－02	术后跟进	43－02－01	电话回访：治疗情况、提醒注意事项（保养/禁忌/饮食等）、提醒复诊、会销邀约、节日活动邀约	L3	L3
				43－02－02	短信回访：治疗情况、提醒注意事项（保养/禁忌/饮食等）、提醒复诊、会销邀约、节日活动邀约	L3	L2
				43－02－03	微信回访：治疗情况、提醒注意事项（保养/禁忌/饮食等）、提醒复诊、会销邀约、节日活动邀约	L3	L3
				43－02－04	预约安排：提醒复诊时间，做好预约安排	L3	L3
		43－03	答疑	43－03－01	解答顾客疑问（效果、时间、异常反应等）	L3	L3
		43－04	异常处理	43－04－01	及时反馈顾客异常情况、协助处理	L3	L3
44	协助销售	44－01	观察顾客	44－01－01	观察顾客皮肤，了解需求，引荐医生	L3	L2
		44－02	项目介绍	44－02－01	介绍产品/项目、产品/项目效果	L3	L2
		44－03	营销推广	44－03－01	推广产品	L2	L1
				44－03－02	推广项目	L2	L1
		44－04	项目开发	44－04－01	配合项目的深度开发：配合咨询师延伸营销，开发顾客消费潜力	L3	L3
		44－05	互动营销	44－05－01	配合咨询师院内互动营销	L3	L1
45	医学美容网络咨询	45－01	在线咨询对话	45－01－01	打开系统，接诊顾客，在线咨询，打字速度达到每分钟60个字以上	L3	L2
				45－01－02	基本问诊（了解顾客需求项目的现状与认识）	L3	L2
				45－01－03	了解顾客对项目的需求（期望值）	L3	L2
				45－01－04	告诉顾客该项目的手术（治疗）方法	L3	L2

续上表

工作项目		工作任务		职业能力（知识、技能、态度要求）		学习水平 中职 Li	学习水平 高职 Lj
				45－01－05	对术后（治疗后）效果的描述	L3	L2
				45－01－06	打消顾客的顾虑（价格、效果、安全、技术）	L3	L2
				45－01－07	推荐专家，介绍医院（资质、规模、实力）	L3	L2
				45－01－08	活动的告知（优惠、促销）	L3	L2
				45－01－09	获取邀约电话，对顾客进行预约	L3	L2
				45－01－10	告知顾客医院的地址及路线、预约号	L3	L2
				45－01－11	确定来院时间	L3	L2
		45－02	后台留言	45－02－01	回复网站后台客户的留言	L3	L2
				45－02－02	回复商务通客户的留言	L3	L2
				45－02－03	根据留言要求，及时联络顾客	L3	L2
		45－03	建档	45－03－01	顾客基本信息录入	L3	L2
				45－03－02	预约单完善：美容项目、预约时间	L3	L2
		45－04	回访	45－04－01	跟进顾客（根据意向设置回访时间）	L3	L2
				45－04－02	回复网站后台客户的预约	L3	L2
				45－04－03	回复商务通客户的预约	L3	L2
		45－05	每日报表	45－05－01	统计网络咨询对话总人数	L3	L2
				45－05－02	统计有效咨询对话人数	L3	L2
				45－05－03	统计网络咨询师邀约上门率	L3	L2
				45－05－04	上报预约名单	L3	L2
46	医学美容电话咨询	46－01	电话咨询对话	46－01－01	开场白	L4	L3
				46－01－02	倾听、引导（了解顾客需求）	L4	L4
				46－01－03	介绍项目	L4	L3
				46－01－04	针对顾客反馈信息再做解答（注重情感沟通）	L4	L4
				46－01－05	建立顾客信任	L4	L4
				46－01－06	邀约来院时间，加顾客微信	L4	L4
				46－01－07	确定下次回访时间	L4	L4

续上表

工作项目		工作任务		职业能力（知识、技能、态度要求）		学习水平 中职 Li	学习水平 高职 Lj
		46－02	预约回访	46－02－01	电话咨询预约后没有来院的顾客	L4	L4
				46－02－02	电话咨询未预约的顾客，记录未预约原因	L4	L4
				46－02－03	寻找潜在客户	L4	L4
		46－03	信息收集	46－03－01	收集电话咨询项目分类数据	L4	L4
				46－03－02	了解信息来源	L4	L4
				46－03－03	了解客户来源区	L4	L4
		46－04	业绩跟进	46－04－01	关注电话咨询项目	L4	L4
				46－04－02	统计电话咨询量	L4	L4
				46－04－03	统计电话预约量	L4	L4
				46－04－04	统计留电（手机号码）数量	L4	L4
				46－04－05	当天的总有效通话数	L4	L4
47	医学美容现场咨询	47－01	客户接待	47－01－01	按标准流程、服务礼仪规范要求，热情、诚恳接待每一个现场咨询顾客	L4	L2
				47－01－02	了解顾客需求	L4	L2
				47－01－03	了解顾客对项目现状的要求（期望值）		L2
				47－01－04	在最短时间内提供良好的健康美容咨询和建议		L2
				47－01－05	消除客户的疑虑		L2
				47－01－06	有效解答客户的问题		L2
		47－02	项目推介	47－02－01	开发客户，了解顾客需求、禁忌症、适应证，挖掘潜在客户、完善服务方式		L5
				47－02－02	执行促销计划，达成个人销售目标		L5
				47－02－03	美学沟通与评估，用专业的知识、良好的沟通技巧向客户推介医院服务项目		L5
				47－02－04	根据顾客的不同类型和需要，配合专家制定合理的治疗方案		L5
				47－02－05	老顾客的二次开发，产品、材料推荐、报价		L5

续上表

工作项目		工作任务		职业能力（知识、技能、态度要求）		学习水平 中职 Li	学习水平 高职 Lj
				47－02－06	解答客户疑虑，引导老客户推荐新客户		L5
				47－02－07	与其他科室医生及医生助理合作，深度开发客户消费潜力		L5
				47－02－08	执行医院各种促销活动的开展和推动，确保各类活动项目顺利完成		L4
		47－03	治疗方案	47－03－01	在术前对每一个顾客要充分告知术前、术中、术后的相关事项		L5
				47－03－02	按标准完成顾客术前病例的书写及各项手续的办理		L5
		47－04	治疗回访	47－04－01	执行术后回访制度		L2
				47－04－02	记录顾客术后回访情况		L2
				47－04－03	负责对未成交顾客的跟踪回访		L2
48	职业素养（通用能力、核心技能、关键能力）	48－01	沟通交流	48－01－01	善于运用倾听和询问技巧有效获取信息，理解他人的想法和意图	L1	L1
				48－01－02	善于表达特别是口头表达，向他人传达信息，获取对方信任和理解	L1	L1
		48－02	仪容仪表要求	48－02－01	化淡妆，随时进行补妆，头发按要求梳理	L1	L1
				48－02－02	工衣穿戴整洁、无异味	L1	L1
				48－02－03	工鞋整洁、无异味	L1	L1
				48－02－04	佩戴工牌	L1	L1
				48－02－05	举止端庄大方	L1	L1
				48－02－06	保持微笑面容、阳光开朗	L1	L1
				48－02－07	谈吐文雅、表述清晰	L1	L1
		48－03	工作态度	48－03－01	喜欢并认同企业，服从岗位工作安排	L1	L1
				48－03－02	虚心好学，做事认真、踏实、主动，愿意为他人提供帮助	L1	L1
				48－03－03	吃苦耐劳，任劳任怨，不斤斤计较	L1	L1
				48－03－04	服务意识强，服务体贴周到、耐心细致，关心顾客的感受	L1	L1

续上表

工作项目	工作任务		职业能力（知识、技能、态度要求）		学习水平 中职 Li	学习水平 高职 Lj
	48－04	责任意识	48－04－01	对待工作有高度的责任意识	L1	L1
			48－04－02	销售回访认真负责	L1	L1
			48－04－03	使用用物用品符合卫生安全要求	L1	L1
			48－04－04	不使用过期变质产品，不违规操作	L1	L1
	48－05	创新意识	48－05－01	具有良好的创新意识，对工作进行不断创新（方案、技术、产品、手法的调整）	L3	L3
			48－05－02	具有良好的创造意识，能创造性地开展工作	L3	L3
	48－06	数字应用能力	48－06－01	对数据敏感，具有良好的成本控制意识	L2	L2
			48－06－02	能耐心细致、快速准确地进行数字运算，并以 PPT 的形式呈现	L2	L2
	48－07	自主学习能力	48－07－01	具有良好的学习习惯和方法，能不断学习新知识和新技术	L1	L1
			48－07－02	具有主动学习新知识、新技术的意识，能主动更新知识和提升专业能力	L1	L1
	48－08	团队合作能力	48－08－01	具有良好的团队合作精神和团队意识，能在团队中履行个人的职责并支持配合他人开展工作	L1	L1
			48－08－02	团结协作，能包容和尊重团队队员，化解冲突，激励成员有效开展工作	L1	L1
	48－09	解决问题能力	48－09－01	善于及时发现问题并向上级反馈	L1	L1
			48－09－02	运用谈判技巧处理投诉、纠纷等问题	L2	L2
			48－09－03	善于分析问题并提出解决问题的方法	L2	L2
	48－10	信息处理能力	48－10－01	善于收集和处理顾客信息	L2	L2
			48－10－02	及时补充、更新客户资料	L1	L1
			48－10－03	会用常用办公软件录入客户信息并进行相关数据统计、分析	L3	L2

续上表

工作项目		工作任务		职业能力（知识、技能、态度要求）		学习水平	
						中职	高职
						Li	Lj
				48－10－04	具有良好的信息观念，敏锐地捕捉客户信息、市场信息和产品信息	L3	L3
				48－10－05	运用各种媒体（微信、短信、QQ）收集和处理各类信息	L1	L1
		48－11	责任（安全）意识	48－11－01	有安全防护意识	L1	L1
				48－11－02	有卫生消毒意识	L1	L1
				48－11－03	有产品安全意识	L1	L1
				48－11－04	有仪器操作安全意识	L1	L1
		48－12	外语应用	48－12－01	能运用英语与客户进行口头交流	L2	L2
				48－12－02	能运用工具书查阅和书写简单的外文资料	L2	L2
		48－13	隐私保护	48－13－01	妥善保管客户资料，不泄漏客户信息，尊重客户的隐私权，做好客户信息资料的保密工作	L1	L1
		48－14	成本控制意识	48－14－01	控制日常损耗、产品用量，节约用水、用电，避免浪费	L1	L1

注：“学习水平”的中职 L*i* 的 *i* 对应“表 1－1　医学美容技术专业毕业生职业生涯发展一般路径”中的中职发展阶段，若是第Ⅰ阶段，则用 L1 表示；若是第Ⅱ阶段，则用 L2 表示；依此类推。同理，高职 L*j* 的 *j* 对应“表 1－1　医学美容技术专业毕业生职业生涯发展一般路径”中的高职发展阶段，若是第Ⅰ阶段，则用 L1 表示；若是第Ⅱ阶段，则用 L2 表示；依此类推。

（二）美加美高端美容技术岗位（群）能力分析表

工作项目		工作任务		职业能力（知识、技能、态度要求）		学习水平 高职 Lj
01	个人形象打造	01－01	精致的职业妆	01－01－01	淡妆（粉底均匀、手法细腻、色彩柔和、整体自然）	L3
				01－01－02	不佩戴饰品、不涂指甲油、不文身	L1
		01－02	形体美	01－02－01	着装得体（穿大小合身的职业装），穿中跟或平底、没有响声的鞋，行走自然	L2
				01－02－02	仪态大方、举止优雅、谈吐得体	L1
		01－03	心态积极	01－03－01	面带微笑、自信阳光、充满活力、乐于助人	L1
02	熟悉项目及产品搭配	02－01	熟悉项目并分享给客人	02－01－01	熟悉项目的品牌理念并分享给客人	L3
				02－01－02	熟悉项目特有的技术并分享给客人	L3
				02－01－03	熟悉项目功效并分享给客人	L3
				02－01－04	熟悉项目适用的皮肤类型或人群	L3
		02－02	熟悉产品，有目的性地分享	02－02－01	熟悉产品的品牌理念并分享给客人	L3
				02－02－02	熟悉产品所含有的特别成分并分享给客人	L3
				02－02－03	熟悉产品功效并分享给客人	L3
				02－02－04	熟悉产品适用的皮肤类型或人群	L3
		02－03	通过分享挖掘顾客需求	02－03－01	善于通过观察顾客表情分析需求	L3
				02－03－02	根据客人的诉求迅速回应	L3
		02－04	项目及产品搭配	02－04－01	熟悉项目及产品搭配原则	L3
				02－04－02	根据面部年轻化需求及问题进行项目及产品搭配	L3
03	熟悉各种光电仪器操作原理及功效	03－01	了解各类光电美容知识	03－01－01	熟悉光电美容仪器的种类	L2
				03－01－02	熟悉常用光电美容仪器的价格	L2
				03－01－03	熟悉各种光电美容仪器的功效	L2
				03－01－04	熟悉各种光电美容仪器的适合人群	L2

续上表

工作项目		工作任务		职业能力（知识、技能、态度要求）		学习水平 高职 Lj
				03－01－05	熟悉各种光电美容仪器的作用原理、功效、操作注意事项及操作禁忌	L3
		03－02	介绍各类光电美容仪器	03－02－01	讲解各类光电美容仪器操作规范，口齿清晰	L2
				03－02－02	操作方法表述专业、有条理	L2
				03－02－03	语气肯定，表达流畅，表情亲切	L2
				03－02－04	善于通过沟通捕捉客人需求，进行深度分析	L3
				03－02－05	根据捕捉信息，分享同类成功案例	L3
04	仪器设备管理、维护	04－01	制定管理标准	04－01－01	制定仪器维修标准	L3
				04－01－02	制定仪器保养标准	L3
		04－02	管理与维护	04－02－01	按仪器管理标准，定期定时完成设备维护	L3
05	专业接待	05－01	问候	05－01－01	使用标准话术问候	L2
		05－02	自我介绍	05－02－01	使用标准话术自我介绍	L2
		05－03	引座	05－03－01	使用标准姿态和手势	L2
		05－04	端茶	05－04－01	使用标准话术、姿态和手势	L2
06	了解顾客需求，树立顾客信心	06－01	了解顾客意向	06－01－01	专业沟通，了解顾客进店意向	L2
		06－02	介绍企业文化	06－02－01	介绍企业历史、企业荣誉、榜样人物	L2
				06－02－02	介绍核心项目、特色项目	L2
				06－02－03	介绍企业规模、技术力量	L2
		06－03	介绍店内各功能板块	06－03－01	介绍前台预约制度	L2
				06－03－02	介绍配料间卫生要求及技术含量	L2
				06－03－03	介绍美容间、仪器室、顾问间卫生要求及管理规范（重点介绍店内优势板块）	L2
				06－03－04	介绍布草、洗消间规范管理及标准	L2
		06－04	建立客人信任感	06－04－01	表情亲切、眼神坚定、口齿清晰、语气肯定、表达流畅、表述专业	L3

续上表

<table>
<tr><th colspan="2" rowspan="3">工作项目</th><th colspan="2" rowspan="3">工作任务</th><th colspan="2" rowspan="3">职业能力
（知识、技能、态度要求）</th><th>学习水平</th></tr>
<tr><th>高职</th></tr>
<tr><th>Lj</th></tr>
<tr><td rowspan="2"></td><td rowspan="2"></td><td rowspan="2">06－05</td><td rowspan="2">了解引导顾客需求</td><td>06－05－01</td><td>导向性沟通：信息来源、对企业的认同度</td><td>L3</td></tr>
<tr><td>06－05－02</td><td>了解美容史（重点了解过敏史、引起过敏的产品）、过往美容满意度、进店需求</td><td>L3</td></tr>
<tr><td rowspan="6">07</td><td rowspan="6">咨询检测与顾客信息录入</td><td rowspan="3">07－01</td><td rowspan="3">信息采集</td><td>07－01－01</td><td>了解顾客一般信息（姓名、职业、兴趣等）</td><td>L2</td></tr>
<tr><td>07－01－02</td><td>分析顾客（了解顾客消费心理、消费习惯等）</td><td>L2</td></tr>
<tr><td>07－01－03</td><td>掌握顾客美容诉求、期望值</td><td>L2</td></tr>
<tr><td rowspan="3">07－02</td><td rowspan="3">顾客信息录入</td><td>07－02－01</td><td>准确记录顾客基本信息</td><td>L2</td></tr>
<tr><td>07－02－02</td><td>按顾客档案资料要求录入顾客信息</td><td>L2</td></tr>
<tr><td>07－02－03</td><td>检查信息无误、保存</td><td>L2</td></tr>
<tr><td rowspan="7">08</td><td rowspan="7">皮肤分析及护理建议</td><td rowspan="4">08－01</td><td rowspan="4">皮肤类型分析</td><td>08－01－01</td><td>观察皮肤（肤色、肤质、毛孔、油脂分泌问题）</td><td>L3</td></tr>
<tr><td>08－01－02</td><td>了解不同皮肤的外观特征，准确把握皮肤状态</td><td>L3</td></tr>
<tr><td>08－01－03</td><td>正确判断皮肤类型，分析问题成因</td><td>L3</td></tr>
<tr><td>08－01－04</td><td>与顾客沟通皮肤分析结果</td><td>L2</td></tr>
<tr><td rowspan="3">08－02</td><td rowspan="3">皮肤知识宣教</td><td>08－02－01</td><td>了解各层皮肤细胞形状、功能</td><td>L2</td></tr>
<tr><td>08－02－02</td><td>将皮肤知识传输给顾客</td><td>L3</td></tr>
<tr><td>08－02－03</td><td>通过沟通挖掘客户需求，提出护理建议</td><td>L3</td></tr>
<tr><td rowspan="5">09</td><td rowspan="5">设计个性化解决方案</td><td rowspan="3">09－01</td><td rowspan="3">咨询、诊断</td><td>09－01－01</td><td>询问顾客，需求产生</td><td>L2</td></tr>
<tr><td>09－01－02</td><td>观察、分析问题成因</td><td>L3</td></tr>
<tr><td>09－01－03</td><td>给出解决问题建议</td><td>L3</td></tr>
<tr><td rowspan="2">09－02</td><td rowspan="2">确定设计目的</td><td>09－02－01</td><td>根据顾客需求与诊断，确定个性化设计目的</td><td>L3</td></tr>
<tr><td>09－02－02</td><td>解释个性化设计的原则与要求</td><td>L3</td></tr>
</table>

续上表

工作项目		工作任务		职业能力（知识、技能、态度要求）		学习水平 高职 Lj
				09－02－03	有效沟通护理目的，达成共识	L3
		09－03	方案设计、项目搭配	09－03－01	根据问题与需求设计个性化解决方案	L3
				09－03－02	根据设计原则与目的准确搭配产品	L3
				09－03－03	正确选择与项目产品匹配的仪器	L2
				09－03－04	确定项目组合（产品、仪器、手法、步骤）	L2
				09－03－05	设计项目实施步骤，说明技术要求	L2
				09－03－06	说明项目实施要点及注意事项	L2
10	仪器设备的标准流程	10－01	仪器专业知识介绍	10－01－01	了解仪器的产地、原理、获得的认证等，并与客人沟通	L3
		10－02	仪器操作流程	10－02－01	了解仪器的操作流程，在操作过程中边操作边解说	L3
		10－03	仪器使用禁忌	10－03－01	了解仪器使用禁忌，安全生产	L3
11	处理疑难问题	11－01	产品问题处理	11－01－01	解释并处理产品使用过程中可能出现的问题	L4
		11－02	异常情况处理	11－02－01	技术操作过程中的问题处理（反馈信息及时、处理及时）	L4
12	维系客情	12－01	方案跟进	12－01－01	电话、微信跟进方案实施效果及满意度	L2
				12－01－02	指导解决常见问题的处理	L3
				12－01－03	针对解决的问题，提醒注意	L3
		12－02	投诉处理	12－02－01	效果不满意的处理	L2
				12－02－02	异常情况处理（操作、产品、仪器）	L2
13	收集案例	13－01	图片资料收集	13－01－01	收集案例护理前、护理后对比图片	L2
				13－01－02	图片表述、标注专业	L2
				13－01－03	拍摄案例对比图片，将图片分组拼图	L2
		13－02	视频拍摄	13－02－01	拍摄案例操作、效果对比视频	L2
				13－02－02	对拍摄视频进行编辑处理	L2

续上表

工作项目		工作任务		职业能力（知识、技能、态度要求）		学习水平 高职 Lj
14	制定并达成业绩目标	14－01	制定业绩目标	14－01－01	制定全年业绩目标	L2
				14－01－02	将年度业绩计划分到每天、每周、每月、每季	L4
				14－01－03	根据顾客类型进行顾客年度业绩计划	L4
				14－01－04	制定项目产品预期达成率	L4
		14－02	制定留客拓客方案	14－02－01	为整体业绩负责，制订并分解目标计划	L5
				14－02－02	制定留客拓客方案	L5
				14－02－03	顾客档案统筹及案例整理	L4
15	制订项目产品及仪器培训方案	15－01	制定项目产品培训方案	15－01－01	确定项目产品培训内容（分类、价格、品牌理念、特有成分、功效、适用人群）	L2
				15－01－02	项目和产品培训前文字编辑及PPT制作	L2
				15－01－03	项目产品的售后服务话术制定	L2
				15－01－04	项目和产品按营运要求培训后的考核	L4
		15－02	制订仪器培训方案	15－02－01	确定光电美容仪器培训内容（仪器的性能、价格、专利技术、功效、适合人群、售后服务标准、维修管理标准）	L5
				15－02－02	培训前文字编辑及PPT制作	L2
				15－02－03	仪器按营运要求培训后各岗位人员考核标准及试题制定	L5
				15－02－04	仪器的售后服务话术制定	L3
16	执行项目产品及仪器培训方案	16－01	项目产品培训	16－01－01	项目和产品培训（分类、价格、特有成分、功效、适用人群）	L2
				16－01－02	项目和产品培训后考核	L2
		16－02	仪器培训	16－02－01	光电美容技术培训（价格、品牌理念、功效、禁忌、仪器维护）	L2
				16－02－02	处理技术操作过程中的问题	L3
				16－02－03	光电美容技术培训后考核	L2

续上表

<table>
<tr><th colspan="2" rowspan="3">工作项目</th><th colspan="2" rowspan="3">工作任务</th><th colspan="2" rowspan="3">职业能力
（知识、技能、态度要求）</th><th>学习水平</th></tr>
<tr><th>高职</th></tr>
<tr><th>Lj</th></tr>
<tr><td rowspan="7">17</td><td rowspan="7">统筹、管理、考核技术人员</td><td rowspan="5">17－01</td><td rowspan="5">培训管理</td><td>17－01－01</td><td>统筹全年项目、产品、仪器的培训计划</td><td>L5</td></tr>
<tr><td>17－01－02</td><td>新员工岗前培训计划</td><td>L4</td></tr>
<tr><td>17－01－03</td><td>老员工旧项目回炉培训计划</td><td>L4</td></tr>
<tr><td>17－01－04</td><td>新员工、老员工新项目、产品、仪器培训后的考核计划</td><td>L5</td></tr>
<tr><td>17－01－05</td><td>技术标兵年终评定标准制定</td><td>L5</td></tr>
<tr><td rowspan="2">17－02</td><td rowspan="2">技术管理</td><td>17－02－01</td><td>各类培训与考核管理</td><td>L5</td></tr>
<tr><td>17－02－02</td><td>进行各种仪器、产品效果、项目的分析与评估（市场调研、客户满意度调查）</td><td>L5</td></tr>
</table>

注：“学习水平”的高职L*j*的*j*对应“表1－1　医学美容技术专业毕业生职业生涯发展一般路径”中的高职发展阶段，若是第Ⅰ阶段，则用L1表示；若是第Ⅱ阶段，则用L2表示；依此类推。

（三）广东省教育厅公示文件

广 东 省 教 育 厅

粤教职函〔2018〕120号

广东省教育厅关于公布2017年省高等职业教育专业教学标准和课程标准研制项目结题验收结果的通知

各地级以上市教育局，各高等职业院校：

根据《广东省教育厅办公室关于开展2017年高等职业教育专业教学标准和课程标准研制项目结题验收工作的通知》（粤教职办函〔2017〕34号），经资料评审、会议评审、公示等环节，确定《现代学徒制高职市政工程技术专业教学标准的研制项目》等28个项目（详见附件）通过结题验收，现将验收结果予以公布。

附件：2017年高等职业教育专业教学标准和课程标准研制项目结题验收结果

广东省教育厅

2018年7月27日

附件

2017年高等职业教育专业教学标准和课程标准研制项目结题验收结果

序号	项目名称	项目牵头单位	项目负责人	验收结果
1	现代学徒制高职市政工程技术专业教学标准的研制项目	广州番禺职业技术学院	叶雯	优秀
2	医学美容技术专业现代学徒制教学标准研制	清远职业技术学院	吴琼	优秀
3	高职本科一体化计算机应用技术专业（嵌入式技术应用）教学标准研制与实践	广东科学技术职业学院	李力	良好
4	应用电子技术专业现代学徒制教学标准研制与实践	广东科学技术职业学院	王红梅	良好
5	高职黑色冶金技术专业现代学徒制教学标准研制	广东松山职业技术学院	罗国民	良好
6	机电设备维修与管理专业现代学徒制教学标准研制	广东松山职业技术学院	杨宇	良好
7	现代学徒制皮具艺术设计专业教学标准研制与实践项目	广州番禺职业技术学院	张来源	良好
8	现代学徒制高职市场营销专业教学标准的研制项目	广州番禺职业技术学院	阚雅玲	良好
9	电子信息工程技术专业教学标准研制项目	中山职业技术学院	闫胜利	良好
10	制冷与空调技术专业教学标准项目	顺德职业技术学院	余华明	良好
11	应用化工（涂料技术）技术专业教学标准项目	顺德职业技术学院	周强	良好
12	机电一体化技术专业现代学徒制教学标准研制	清远职业技术学院	郭汉桥	良好
13	精细化工技术/化学工程与工艺高本衔接专业教学标准研制	广东轻工职业技术学院	揭雪飞	合格

序号	项目名称	项目牵头单位	项目负责人	验收结果
14	环境工程专业高本一体化教学标准的研究与实践	广东轻工职业技术学院	秦文淑	合格
15	基于国际标准的航海类专业“中高职衔接”教学标准研究与实践	广东交通职业技术学院	关腾飞	合格
16	基于现代学徒制人才培养模式的投资与理财专业教学标准研制与实践	广东理工职业学院	杨翠友	合格
17	汽车检测与维修专业现代学徒制专业教学标准项目	广东机电职业技术学院	李百华	合格
18	基于现代学徒制人才培养模式的高职汽车车身维修技术专业教学标准的研制	广东科学技术职业学院	孙宝文	合格
19	高职本科一体化药品生物技术专业教学标准研制	广东科贸职业学院	何敏	合格
20	运动训练高职本科一体化人才培养专业教学标准研制	广东体育职业技术学院	徐承建	合格
21	高职-本科一体化动漫制作技术专业教学标准项目	广东女子职业技术学院	谢盛嘉	合格
22	基于现代学徒制的计算机应用技术专业教学标准研制	广州铁路职业技术学院	林锦章	合格
23	借鉴国外先进经验，构建国际商务类专业教学标准	深圳职业技术学院	刘红燕	合格
24	基于现代学徒制人才培养模式酒店管理专业教学标准研制	佛山职业技术学院	余琳	合格
25	护理专业现代学徒制教学标准研制	清远职业技术学院	冼昶华	合格
26	电气工程及其自动化专业高职本科一体化人才培养专业教学标准研制	广东技术师范学院	周卫	合格
27	道路桥梁工程技术专业中职、高职和本科一体化专业教学标准研制	广东交通职业技术学院	徐凯燕	合格
28	社会工作专业教学标准研制	深圳职业技术学院	倪赤丹	合格

公开方式：依申请公开

（四）项目结题证书

结题证书

项目类别：2015 年度广东省高等职业教育专业教学标准研制项目

项目名称：医学美容技术专业现代学徒制教学标准研制

（项目编号：BZ201529）

负 责 人：吴 琼 傅润红

主要参加人：龚 磊 冯小军 申泽宇 熊 蕊 郑 艳 黄拥军 王家龙 林旻华

韦 昊 胡海妹 孙 晶 张秀丽 宋 倩

经评审，本项目验收结论为优秀，准予结题，特发此证。

广东省教育厅

2018 年 8 月 30 日

证书编号：GZJT2018002